ÅDERFÖRKALKNING OCH PORTVINSTÅR

RIKSANTIKVARIEÄMBETET ARKEOLOGISKA UNDERSÖKNINGAR
SKRIFTER 48

ÅDERFÖRKALKNING OCH PORTVINSTÅR
Välfärdssjukdomar i medeltidens Åhus

Caroline Arcini
illustrationer och foto: Staffan Hyll

Riksantikvarieämbetet

Regionmuseet
Kristianstad
Landsantikvarien i Skåne

UTGIVARE Riksantikvarieämbetets förlag
Box 5405
114 84 Stockholm
Tfn. 08-5191 8000
www.raa.se

SKRIFTSERIE Riksantikvarieämbetet Arkeologiska undersökningar Skrifter 48

BILD & FORM Layout, studiofoto och illustrationer Staffan Hyll

INLAGA Arctic – the Silk 115 g. Sabon 11/16,5 pt

TRYCK Wallin & Dalholm, Lund, 2003

COPYRIGHT © 2003 Riksantikvarieämbetet
1:1

ISSN 1102-187X
ISBN 91-7209-313-7

Förord

HOLGER PETTERSSON

Vad kan benbitar berätta om en människa, som lever nu, eller som levde på medeltiden, eller kanske för miljoner år sedan? Ganska mycket faktiskt, om benen studeras med rätt metod, och av yrkesfolk med rätt bakgrund.

En röntgenläkare kan efter röntgenundersökning av en patients skelett hjälpa klinikern till diagnos. Det gäller inte bara skelettskador och skelettsjukdomar, utan också många andra åkommor, eftersom märkligt många sjukdomar manifesterar sig i skelettet. På samma sätt kan en osteolog, genom att studera bevarade skelettdelar, ställa diagnos på längesedan döda människor. Och paleontologernas studier av fossila skelett har givit oss vad vi i dag tror oss veta om urtidens djur.

Att titta på benbitar, som i förstone kanske inte låter så spännande, är i själva verket en gyllene metod för studier av alla tidsåldrar. Och då låter det mera spännande.

Om osteologen dessutom går in i ett nära, tvärvetenskapligt samarbete med arkeologer och historiker, läkare och tandläkare, öppnas dörren för fascinerande avslöjanden av våra förfäders liv och vedermödor. Och nu är det inte längre bara spännande, utan ett riktigt äventyr.

Detta sätt att arbeta har författaren till denna bok, Caroline Arcini, gjort till en konst. Med stort nöje har jag kunnat följa henne från en ung, ivrig student, till idag en av Sveriges ledande osteologer, och med stort nöje har jag ibland kunnat bistå henne med röntgenundersökning av de benbitar hon kommit med i sina plastpåsar.

Författaren presenterar här resultaten av utgrävningarna i Åhus i en skrift avsedd för allmänheten. Hon har, på ett personligt sätt, kombinerat de vetenskapliga rapporterna från de fynd som gjorts i Åhus, med populärvetenskapliga beskrivningar av de aktuella sjukdomarna, också jämförande samma sjukdomars manifestationer i vår tid. Detta, kombinerat med levande, fiktiva berättelser om livsöden i det medeltida Åhus, igen baserat på skelettfynden, gör boken angelägen. I vår historielösa tid behöver vi lättlästa böcker, tänkta för en bredare allmänhet, som serverar historiska fakta och skeenden på ett underhållande sätt. Och i denna bok har författaren lyckats förvandla tittandet på benbitar till levande, fascinerande medeltidshistoria.

Det är med stor glädje jag önskar författaren lycka till, och rekommenderar boken till läsning, både i hängmattan och vid pulpeten – den lämpar sig för bådadera.

Lund, i juli 2003
Holger Pettersson
Professor, Diagnostisk Radiologi, Lunds Universitet
Bibliotekarie, Svenska läkaresällskapet

CAROLINE ARCINI

Året är 1996, kvarteret Munken i Åhus ska bebyggas och en del av det som en gång var Dominikanerkonventets medeltida kyrkogård kommer att försvinna för alltid. Riksantikvarieämbetet UV Syd och Kristianstad länsmuseum tar tillsammans ansvar för att dokumentera den tidens gravseder och hälsotillstånd hos en del av Åhus medeltida befolkning. En första rapport som framförallt presenterar de arkeologiska resultaten har publicerats 2001. Tack vare goda bevaringsförhållanden och skickliga arkeologer har ett fantastiskt skelettmaterial blivit tillgängligt för osteologisk analys. Redan tidigt stod det klart att ett material som innehöll så unik information om den medeltida människan borde berättas så att det skulle komma många historieintresserade till del. Jag bestämde mig därför för att skriva en bok baserad på vetenskapligt framtagna fakta men fri från de av oss osteologer ofta använda facktermer.

Bakom varje skelett döljer sig en individ, några levde bara några timmar medan andra fick ett långt och innehållsrikt liv. I ett försök att ge en inblick i några av de undersökta Åhusbornas livsöden har den vetenskapliga kunskapen omvandlats till små korta fiktiva berättelser. Varje fiktiv berättelse baseras på något av skeletten och för att skilja den texten från den övriga har vi valt att presentera den inom svarta linjer.

En stor käpphäst för osteologer är problemet med att bedöma dödsåldern hos vuxna individer och framförallt att få kunskap om hur många av de vuxna som blev gamla. Sedan några år tillbaka har en ny metod för att bedöma vuxnas ålder utvecklats i England. För projektet "Åldringar i medeltid" har generösa medel från Birgit och Gad Rausings stiftelse för humanistisk forskning gjort det möjligt att prova denna nya metod. Studien baseras på materialet från Åhus. Resultaten visade på en tydlig skillnad mellan de traditionellt använda metoderna och den nya.

Boken har tillkommit tack vare medel från Länsstyrelsen i dåvarande Kristianstad län, Riksantikvarieämbetet UV Syd och Kristianstad länsmuseum, Ebbe Kocks stiftelse, Berit Wallenbergs stiftelse och Stiftelsen Syskonen Willers donationsfond.

Många är de som bidragit till resultaten i denna bok. Först och främst ska riktas ett stort tack till de arkeologer som grävde fram materialet, Bengt Jacobsson, Helen Lilja och deras personal samt till cheferna på UV Syd Anders Löfgren och Mats Mogren. Konsultationer med läkare med olika specialistinriktning har varit mycket värdfulla, ett stort tack till röntgenologerna Holger Pettersson, Kjell Jonsson, Åker Forsell, neurokirurgen Lars-Göran Strömblad, neuropatologen Elisabeth Englund och reumatologerna Paul Diepp, Frank Wolheim och Ido Leden, ortopeden Stefan Lohmander, onkologen Thomas Relander, ögonläkaren Jonas Blohme, medicinarna Ulf Ohlsson och Nils Arcini, bakteriologen Håkan Miörner samt yrkes och miljömedicinarna Staffan Skerving och Lars Hagmar.

Osteologerna Torbjörn Ahlström, Tony Waldron, Pia Bennike och Gerry Barber tandläkarna Peter Carlsson och Göran Lambreus, arkeologerna Conny Johansson Hervén, Maria Cinthio och Anders Andrén, historikern Bodil Persson, ekonomhistorikern Tommy Bengtsson, statistikern Göran Broström, genetikern Cecilia Lindgren och geriatrikern Dan-Axel Hallbäck har bidragit med många betydelsefulla synpunkter.

Ett tack till antikvarie Ylva Olsson som outtröttlig plockat fram och åter skelettmaterialet i magasinet och till bibliotekarien Anders Rydstrand som hjälpt mig att få fram litteratur. Arkekobotanikern Mats Regnell som var den som först löste makaronens gåta. Textens läsbarhet har testats på två av mina pendlarvänner, släktforskaren Mats Andersson och marknadsassistent Susanne Borg Thörn, på tåget mellan Landskrona och Lund.

Ett stort tack till arkeologen Helen Lilja och samhällsmedicinaren Bengt Scherstén som nogsamt korrekturläst och granskat texten utifrån sina respektive ämnesområden.

Min kollega osteologen Annica Cardell har varit ett ovärderligt bollplank och en energisk lektör under hela arbetsprocessen.

Utan bildredaktören och kollegan Staffan Hylls enastående förmåga att omvandla mina idéer till begripliga illustrationer hade boken inte fått liv.

Caroline Arcini
Osteolog, UV Syd, Riksantikvarieämbetet

Dött men ändå levande

FÖRSTA KAPITLET

I tusentals år kan de bevaras, ben och tänder av människor från en förfluten tid. Vem eller vilka personerna var kan vi sällan säga något om, men skeletten kan vittna om deras liv och leverne. Tack vare människans anspråk på mer mark exploateras tidigare bebodda områden. Vid arkeologiska utgrävningar får vi ständigt nya möjligheter att glänta på dörren till det förgångna. Forskare inom flera olika ämnesområden medverkar till att tillsammans få fram ny kunskap om förfädernas liv. I denna grupp av forskare är osteologen en nyckelperson. Endast genom att studera ben och tänder från människorna själva kan vi få information om den enskilda individen och om gruppen.

Varierande bostadsstandard, hygien, matvanor, svält och infektioner, olyckor, våld i små eller stora proportioner, tillgång till behandling, sociala skyddsnät och mycket mer avspeglar sig i skelettet. Så kan till exempel hål i tänderna vittna om att man intagit föda som främjade karies, det vill säga konsumtion av mat rik på kolhydrater. Förekomst av sjukdomar som tuberkulos och spetälska pekar på att bostadsstandarden för vissa var dålig och hygienen låg. Hög andel arm- och benbrott hos relativt unga vuxna individer kan vara ett tecken på farliga arbetsplatser. Svåra fall av gikt visar sig i skelettet och antyder att en del var storkonsumenter av kött och vin. Enstaka fall av cancer och flera fall av åderförkalkning gör oss uppmärksamma på att även i det medeltida samhället var vår tids "välfärdssjukdomar" närvarande. Många har haft skador och sjukdomar som krävt vård och som kan ha resulterat i oförmåga att arbeta och försörja både sig själv och familjen. Att de ändå överlevt och blivit gamla tyder på att ett socialt skyddsnät funnits i medeltidens samhälle, om än inte av dagens mått.

Osteologer arbetar oftast med material från tider med få skriftliga källor och de bidrar därmed med resultat som inte är möjliga att få fram på annat sätt. På senare tid har även skelettmaterial från 1600–1700-talen blivit tillgängligt för studier. Trots en större tillgång på skriftliga källor från denna tid fyller osteologin även här en viktig funktion. Inte minst gäller det betydelsefulla kompletteringar beträffande människors hälsa. I kyrkböcker noterades, beroende på prästens medicinska kunskap, dödsorsaker men inte sjukdomar eller skador som påverkade individen under dennes livstid.

När man som osteolog föreläser för gemene man, återkommer vissa kommentarer från åhörarna. De tre vanligaste är; "Förr dog man tidigt, man var gammal redan vid 40 års ålder", "Kvinnorna dog i barnsäng och de som överlevde, slet ut sig i förtid av det ständiga barnafödandet", "Förr var man kort, det ser man ju på dörrposterna, man måste alltid böja sig när man ska gå in i gamla hus". "Förr" är den absolut vanligaste tidangivelsen, det vill säga ingen tidsangivelse alls. Det är lätt att vi utifrån uppgifter från en tid som ligger oss nära även drar slutsatser om förhållanden i förfluten tid. Hos de flesta av oss finns en tydlig uppfattning att ju längre tillbaka i tiden som åsyftas desto sämre var levnadsvillkoren.

Dödens detektiver i arbete

Några lastpallar med halvmeterstora kartonger anländer till kontoret och jag ska som osteolog börja min del av detektivarbetet. En kartong kan innehålla skelettet från en vuxen individ eller flera barn.

Den första uppgiften blir att bedöma individens ålder. De metoder, som vi använder oss av är utvecklade via studier av skelettmaterial där individens dödsålder är känd. Ju yngre individen är desto säkrare kan man vara på att den angivna dödsåldern överensstämmer med individens verkliga ålder. Åldern för barn och tonåringar bedöms bland annat utifrån ett schema som visar när mjölktänder respektive permanenta tänder bryter fram[1], fig 1. Hos den växande individen utgörs vissa delar av skelettet av brosk som efterhand förbenas. Många av kroppens ben består av flera delar som växer var för sig tills individen är färdigväxt då de sammanfogas[2], fig 2. Bedömning av ålder hos vuxna individer är en något mer knepig uppgift och det åldersintervall, inom vilket individen befinner sig, är större än för barn och tonåringar. På bäckenet finns benfogar på två ställen. Ytan på benfogarna har en struktur som förändras med åren och som därför kan användas för åldersbedömning[3], fig 3. Skallen består hos en ung individ av flera separata ben och gränsen mellan dessa kallas suturer eller sömmar. Med stigande ålder sluter sig dessa sömmar

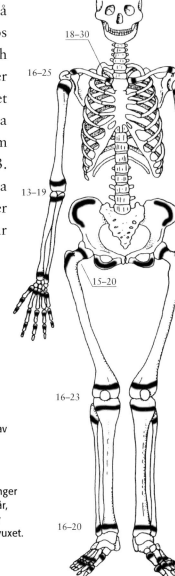

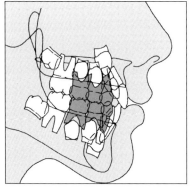

< Fig 1 En åttaårings tanduppsättning. De främre mjölktänderna har ersatts av permanenta tänder.

> Fig 2 Siffrorna anger vid vilken ålder, i år, som olika delar av skelettet är färdigvuxet.

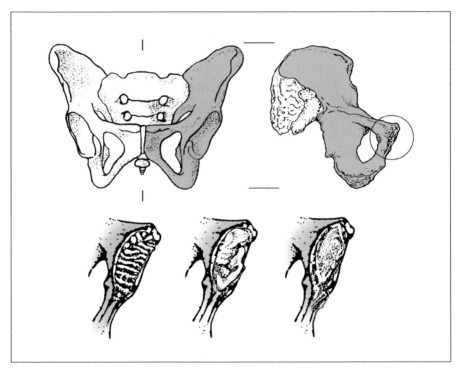

Fig 3 Ytan på bäckenfogen är hos en ung individ räfflad medan den är slät hos en gammal människa.

och kan därför också användas för att bedöma individens ålder[4], fig 4. På skalltakets insida kan man hos vuxna individer observera små gropar. Dessa gropar uppstår då vårtliknande utskott från den spindelvävsliknade hinnan, som finns mellan hjärnans mjuka och hårda hinna, bryter igenom hårda hinnan och åstadkommer fördjupningar i skallbenet. Antalet gropar ökar med ålder och mängden gropar utgör ytterligare en i raden av metoder som används för att bedöma en individs ålder[5], fig 5. Denna metod har för första gången använts i Sverige i samband med genomgången av skelettmaterialet från Åhus.

Bestämningen av kön är enklare än bedömningen av ålder. De flesta osteologer gör en bestämning av kön endast på vuxna individer eller på

Fig 4 Dessa pilar pekar på de punkter
där studiet av sutursammanväxningen
görs.

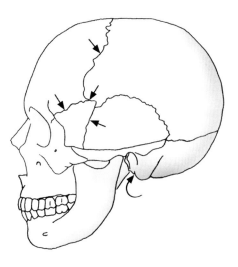

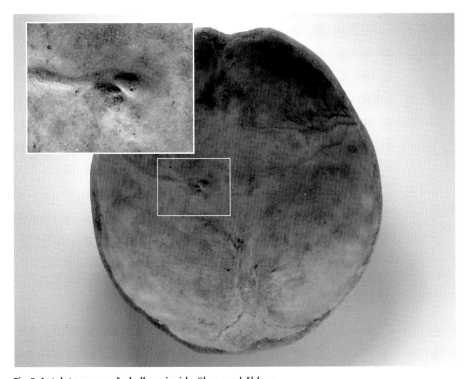

Fig 5 Antalet gropar på skallens insida ökar med åldern.

tonåringar där bäckenet är färdigutvecklat, fig 6. Orsaken är att flera av de kriterier som används för bestämning av kön, utvecklas först hos den vuxna individen. Även kraniet används för att bestämma kön och framförallt är det muskelfästen som studeras för att bestämma om det är en man eller en kvinna[6], fig 7.

För att få fram hur lång en individ var mäts längden på armarnas och benens ben. Oftast beräknas kroppslängd utifrån största längd på lårbenet. Flera metoder har utvecklats sedan 1800-talet och de grundar sig på mått tagna på skelett där individens längd varit känd. Den metod, som använts på skeletten från Åhus, är framtagen av en svensk forskare.[7]

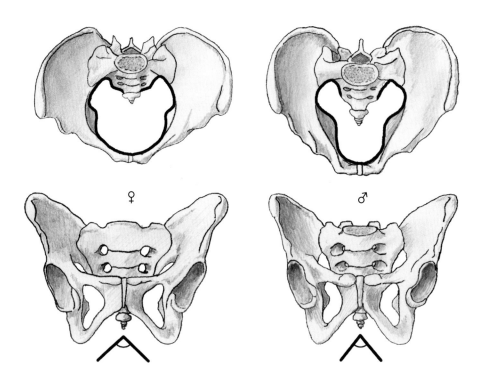

Fig 6 Kvinnans bäcken är anpassat för barnafödande, bäckenöppning är rund och bred och den främre vinkeln är vid.

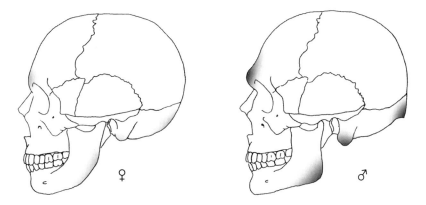

Fig 7 Hos mannen är muskelfästena på kraniet större och mer tydligt markerade än hos kvinnan.

En osteologisk analys innebär en översyn av alla ben. För en tränad osteolog, som känner till hur ett normalt ben ser ut, är det lätt att observera avvikelser. Om man arbetar med att kartlägga förfädernas hälsa krävs viss kunskap i medicin. Mycket ofta behöver man kontakta läkare inom olika discipliner för att säkerställa sjukdomsdiagnoser. Vissa skelettförändringar lyckas man inte finna orsaken till. Förklaringarna kan vara flera. Kanske fanns det under medeltiden sjukdomar som inte finns idag eller så upptäcks och behandlas sjukdomar innan de hinner sätta spår i skelettet och är därmed inte kända. Andra svårigheter är att flera sjukdomar kan avsätta liknande spår i skelettet och att en individ kan drabbas av flera sjukdomar mer eller mindre samtidigt.

Ben i en skokartong

För min del började den osteologiska banan redan vid sju års ålder. På kvällspromenader längs Fårös kalkstensstränder insamlades benbitar från fågel och fisk; ben som så småningom rymdes i en skokartong och som 17 år senare kom att utgöra mitt första jämförelsematerial. En av de första benbitarna jag fann var ett fågelkranium. Det låg där skinande vitt mot den gråvita kalkstenen och min pappa gav mig en enkel anatomilektion, intresset för ben hade väckts. Den sommaren samlade jag en hel plastpåse full. Det mesta var rena ben men på en del fiskben fanns fortfarande intorkad vävnad kvar och det luktade illa. Ett par små men viktiga händelser under de följande åren ledde till ett ytterligare ökat intresse för ben.

Som åttaåring blev jag omkullknuffad på skridskobanan och fick en spricka i ett av underarmens ben. När jag kom till sjukhuset för röntgen och gipsning lät min pappa, som är läkare, mig följa med in och se röntgenbilderna på min arm. I röntgenrummet fanns även något annat som tilldrog sig mitt intresse, nämligen ett monterat skelett. En tid senare fick

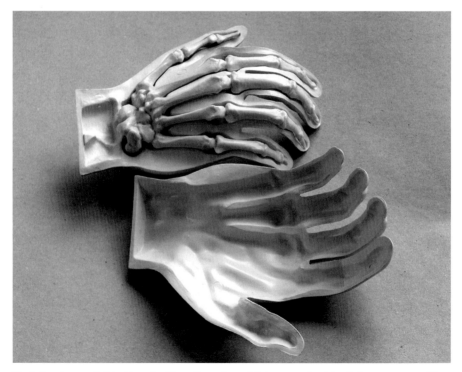

Fig 8 En plastmodell ledde mig till en första introduktion av människoskelettets anatomi.[8]

jag av min pappa en plastmodell av en hand. Man kunde lyfta på det yttre skalet, som skulle föreställa huden, och därunder se blodkärl, muskler, senor och skelett, fig 8. Tillsammans gick vi igenom namnen på de åtta benen i handroten, ben med namn som månbenet, båtbenet och ärtbenet. Efter önskan från mig försåg han mig även så småningom med diverse böcker i anatomi och patologi. Så föddes mitt intresse för ben och sjukdomar. Det kom att prägla mitt yrkesval, och entusiasmen har inte svalnat med åren. För många osteologer har nog nyfikenheten för ämnet uppstått genom ett allmänt intresse för historia men också fascinationen för människans utveckling.

Det som framförallt gör osteologin till ett så intressant ämne är att det i sin utövning är tvärvetenskapligt. Här möts och förenas arkeologi, historia, fysisk antropologi, socialantropologi, medicin, ekonomisk historia och djurosteologi och ekologi. Uppgifter från alla dessa ämnen skapar möjlighet att bilda oss en uppfattning om tidigare generationers livsvillkor. Alla som i någon grad släktforskat vet hur det berör att i en kyrkobok finna ett namn eller ett födelseår på en avlägsen släkting. Att i en bouppteckning läsa om de knappa tillgångarna, de få möblerna, linnet eller söndagskostymen som den avlidne efterlämnade. Historia, hur nära eller långt ifrån i tiden den än är, kittlar sinnet hos många av oss.

Åhus för 750 år sedan

ANDRA KAPITLET

Jag minns mitt första möte med Åhus. En sommardag var jag som liten flicka tillsammans med min mamma och hälsade på hennes skolkamrat. Under tiden de pratade rispade jag mönster i singeln på gården utanför huset. Jag tog upp en näve grus och slängde den ut på vägen, runt krö-ken kom en bil, det var nära att den träffades. Jag fick en tillsägelse av min mamma att inte göra så mer – fy vad det var långtråkigt att vänta när de vuxna pratade. Nu trettio år senare kommer jag åter för att un-der en dag delta i de arkeologiska undersökningarna av gravarna från dominikanernas kyrkogård.

Det är en varm och solig sommardag och jag tar mig till att börja med en promenad i dagens Åhus, fig 9. Mitt intresse för de spetälskas situation, både i medeltid och i världen idag, gör att jag först och främst tar mig till platsen för S:t Jörgens hospital. Omkring 500 meter väster om den medeltida staden finns ett träkors som markerar hospitalets kyrka. Hit kom de som drabbats av en sjukdom som van-ställde deras kroppar för all framtid och som resulterade i att de förvisades från samhällets gemenskap. Från hospitalsplatsen går jag tillbaka mot det som en gång var den medeltida stadskärnan. Längs med Yngsjövägen finner man på flera sträckor rester efter den medel-tida stadsmuren. Jag passerar in genom Västerport och ser hur Maria-kyrkan reser sig över staden. Intill kyrkan vid torget ligger idag Åhus museum, som anses inrymma delar av det medeltida rådhuset. Dagens torg utgör delar av den medeltida marknadsplatsen. Till denna mark-nad kom köpmän både till lands och från havet för att bjuda ut sina varor. En mindre gata, S:ta Annas stig, leder från torget till ruinerna

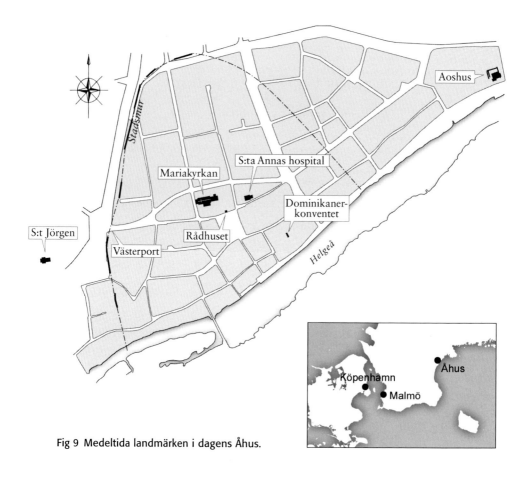

Fig 9 Medeltida landmärken i dagens Åhus.

av kapellet hörande till S:ta Annas hospital. Hospitalet fungerade som en sjukhusinrättning i Åhus i omkring 100 år, 1525–1625. Det börjar bli varmare och jag fortsätter i rask takt till den gamla slottsruinen Aoshus som är belägen strax utanför den medeltida staden. Här kan man känna att det inte är långt till havet. Nedanför slottsruinen flyter Helgeå. Jag går ner till ån och vandrar längs med kajerna. Efter en stund ser jag på höger sida resterna av det som var den östra muren i dominikanernas konvent. Fyra arkeologer arbetar med att undersöka och noggrant dokumentera gravar och deras innehåll.

Aos, ärkebiskopens stad

Aos, som betyder åmynning, syftar på stadens läge vid Helgeås utlopp i Hanöbukten[9]. Namnet Åhus bär platsen först från början av 1500-talet. Helgeå var en viktig vattenväg i nordöstra Skåne. Vid dess mynning ankrade fartyg upp som kom på Östersjön[9]. Efter hand växte här fram en marknad, där folk från nordöstra Skåne bytte varor med köpmännen som kom över havet. Åhus var från början en vanlig bondby och först i slutet av 1100-talet och början av 1200-talet fick den en klart stadsliknande karaktär. De äldsta bevarade stadsprivilegierna härrör från 1326 men Åhus blev troligen stad redan under första hälften av 1200-talet. Stadens historia hör samman med ärkebiskopsmakten i

Fig 10 Åhus nuvarande stadskyrka S:ta Maria med anor från medeltiden. Framför kyrkan ligger Åhus museum vars äldsta delar troligen är det medeltida rådhuset.[10]

Lund, som i Åhus hade en viktig stödjepunkt i nordöstra Skåne.[11] Vid denna tid var Skåne danskt och det förmodas att en uppgörelse mellan danska kungamakten och ärkebiskopen i Lund resulterat i att ärkebiskopsstolen i Lund fick Åhus i förläning. På en höjd mellan det medeltida stadsområdet och Helgeåns utlopp i Östersjön uppfördes på 1140-talet en borg.[9]

Under senare delen av 1100-talet eller i början av 1200-talet byggdes delar av nuvarande stadskyrkan, helgad åt S:ta Maria, fig 10. Av den ursprungliga medeltida kyrkan finns endast långhuset kvar.

Enligt medeltida källor var Åhus bebott av hantverkare som skräddare, smeder och guldsmeder. Arkeologiskt har ben- och hornhantverk, smide och bronsgjutning kunnat beläggas. Hamnen gjorde Åhus till en viktig köpstad, bland annat skeppades spannmål, tjära och timmer ut från staden.[11]

Fig 11 De återstående resterna av S:ta Annas hospital, Åhus forna sjukhusinrättning.[10]

Fig 12 Stora klumpstenar på linje
utgör resterna av stadsmuren i det
medeltida Åhus.[13]

Omkring mitten av 1200-talet uppfördes strax utanför Åhus Skånes andra spetälskehospital. Det första hade tillkommit i Lund ca 100 år tidigare[14]. Förutom S:t Jörgens hospital lär det i Åhus ha funnits ett helgeandshus. Några närmare uppgifter om när det byggdes eller dess verksamhet finns dock inte. I ett brev från 1524 gav ärkebiskopen Aage Jepson besked om att man fick uppföra S:ta Annas hospital på det markområde som tidigare tillhört helgeandshuset. Idag står fortfarande ruinerna av S:ta Annas kapell kvar, fig 11.[11]

På 1300-talet lämnades Skåne i pant till den svenske kungen Magnus Eriksson och man anser att det var under denna tid som Åhus befästes, i norr och väster med mur och vallgrav och i öster med vall och vallgrav. Stadens utbredning minskade då bebyggelsen flyttade innanför befästningen. Fortfarande finns ruiner av stadsmuren kvar norr och väster om staden, fig 12.

Dominikanerna i Åhus

Till Åhus kom dominikanerna under första hälften av 1200-talet och i nuvarande kvarteret Munken inrättades ett konvent. Dominikanerorden, som är en tiggarorden, grundades av spanjoren Dominicus. Till skillnad från medlemmarna i ett traditionellt kloster, vilka först och främst sökte den egna själens frälsning och levde isolerade, önskade dominikanernas medlemmar predika och göra goda gärningar för fattiga och hedningar. De strävade efter att möta folket i deras dagliga liv och försökte nå dem som stannade utanför sockenkyrkornas verksamhetsområde. Förutom det religiösa uppdraget hade de en hel rad praktiska funktioner, vilket förklarar hur en organisation grundad på allmoseinsamling kunde överleva. Det är troligt att konventen användes vid internationella sammankomster, då bröderna kunde svara för det praktiska värdskapet. Även rättsliga uppgörelser, som till exempel domstolsförhandlingar och medling i jordtvister, kunde försiggå i konventen och därigenom kunde bröder tillhandahålla skrivartjänster och fungera som vittnen. Det verkar även ha varit vanligt att bröderna deltog vid upprättandet av testamenten. Precis som i andra kyrkliga inrättningar anlitades konventen för deponering av pengar. Det finns exempel på att bröderna i slutet av medeltiden även bedrev sjukvård. Deras samhällsförankring var uppenbarligen mycket bred.[12]

Dominikanernas levnadssätt var strängt asketiskt med ständig avhållsamhet från kötträtter och fasta under långa perioder. På grund av det nordiska klimatet gavs dock lättnader i fastedisciplinen. Antalet medlemmar i ett konvent skulle inte understiga tolv. I Norden tycks antalet ofta ha varit däromkring, men i Sigtuna var de inte färre än 37 bröder. Vid slutet av 1200-talet fanns det 26 konvent i Norden. Konventen hade sin blomstringstid under 1200–1300-talen. Därefter inträdde en nedgångsperiod, predikarbröderna blev bland annat anklagade för att leva i vällevnad och bryta mot enkelheten.[12]

Konvetet i Åhus omnämns första gången 1254. Dominikanernas uppgift i Åhus kan bland annat ha varit att bedriva utbildning av bli-

Fig 13 Dominikanernas konvent så som man tror att det kan ha sett ut.[15]

vande klerker. I skriftliga dokument av olika slag finns namn på några lektorer. Johannes Kroc, som 1291 kom från Slesvig för att undervisa i logik, Kanutus som 1295 valdes till biskop i Reval. Dominikanbröder från andra delar av Danmark, från Sverige och Finland hänvisades till Åhus för studier. Av dominikanernas konvent återstår idag endast delar av den östra tegelmuren, fig 13.

Graven – en viloplats för alla

TREDJE KAPITLET

När en kyrka började uppföras kom marken runt den att användas som begravningsplats och det ankom på biskopen att inviga kyrkogården[16]. Att bli begravd på kyrkogårdens heliga mark var en kristens rättighet. Ett nyfött barn vars överlevnad ansågs oviss kunde nöddöpas. Dopet kunde förrättas av vem som helst men i första hand en man och endast i undantagsfall en kvinna. Även yngre pojkar fick i nödfall lov att döpa[17]. Den vigda jorden utgjorde en viloplats för alla utom för dem som tagit livet av sig och för avrättade personer. Dessa blev istället begravda utanför kyrkogårdsmuren. Ett litet antal gravar har påträffats på icke kyrkogårdsmark, bland annat i Lund[18]. En osteologisk analys har visat att två av de gravlagda, båda män, blivit bestraffade genom att man huggit av deras händer och fötter. Den ene mannen hade dessutom blivit halshuggen[19]. Ett 0–3 månader gammalt spädbarn har påträffats under golvet till ett hus från 1000-talet[20]. Utsättning av barn i en kyrkostad som Lund under 1000- och 1100-talen bör ha varit obefintlig och det funna spädbarnet kan inte förklaras med en allmän likgiltig syn på ett dödfött eller vid födseln avlidet barn[20]. Snarare ska det ses som ett barn som fötts i lönndom. Kanske var orsaken en utomäktenskaplig förbindelse.

Vid en undersökning av Helgeandsholmens kyrkogård i Stockholm fann arkeologerna tre tydliga exempel på hur man gjort allt för att även de odöpta skulle få vila i frid. Där påträffades skeletten av tre spädbarn, två av dem lagda bakom en lös sten i kyrkogårdsmuren och ett lagt mellan densamma och ett hus[21]. Viljan och önskan att placera de döda, odöpta barnen i de dödas rätta gemenskap var stor.

Barngravarnas utformning och placering visar att barn har haft samma värde som de vuxna och att de lika ofta begravts i kista. Från Lund finns exempel på att även ett icke fullgånget foster lagts i en egen liten stenkista. De bästa platserna på kyrkogården ansågs vara omedelbart intill kyrkväggen, i kyrkans takdropp. På flera av de tidiga kyrkogårdarna från 1000–1100-talen finner man att just barnen placerats runt koret. Från 1100-talet och framåt är denna sed inte praktiserad, men omsorgen om barngravarna är fortfarande likvärdig de vuxnas.[16] I Åhus påträffades endast fem spädbarn, varav ett var så litet att det förmodligen inte var fullgånget. Två av spädbarnen har varit begravda tillsammans med vuxna individer medan de andra tre har fått egna gravar. Alla dessa tecken på omsorg står i bjärt kontrast till ofta förda diskussioner om utsättande av barn.

Även efter det att en kyrka slutat användas har ibland den vigda jorden fortsatt att utnyttjas för begravningar. På dominikanernas kyrkogård i Åhus har åtminstone två gravar tillkommit efter det att kyrkan rivits.[11]

Svepning eller kista

De senaste åren hade hon ofta varit riktigt dålig med hög feber och svidande smärtor när hon skulle kissa. Hennes döttrar hade vid ett par tillfällen tillkallat prästen. Feber igen, hon mottog sista sakramentet och dog vid midnatt några dagar senare i en ålder av 60 år. Döttrarna hjälptes åt att göra i ordning modern för den sista vilan. De tvättade henne, kammade den grånade hårflätan och bäddade ner henne i en träkista. Prästen kom in i rummet, stänkte vigvatten på kroppen och tände ljus vid bädden. Släkten hade samlats och två dagar senare ägde begravningen rum. Den döda bars till graven av sina manliga släktingar. En präst som bar ett processionskrucifix ledde följet. Under sina sista levnadsår hade hon för sina närmaste uttryckt en önskan att få bli begravd på dominikanerkonventets kyrkogård. En del av hennes mer dyrbara tillhörigheter hade därför avyttrats och pengarna hade testamenterats till konventet i samband med begravningen.

Så kan förhållandena ha varit de sista dagarna för en av de äldre kvinnorna i Åhus. Den flera gånger återkommande höga febern och de ofta svidande besvären när hon skulle kissa kan ha orsakats av tolv små urinstenar som vid utgrävningen påträffades i kvinnans bäckenregion. En kraftig urinvägsinfektion, som så småningom även drabbat njurarna, kan ha föranlett hennes död.

I dagens Sverige läggs man alltid i en kista, vare sig man ska jordbegravs eller kremeras. Kistan är av trä eller annat förgängligt material. På medeltiden däremot kunde kistan förutom av trä vara av sten eller tegel. Det var också relativt vanligt att man begrovs utan kista. I Åhus var de flesta kistorna trapetsoida, breda i huvudändan och smala i fotändan, eller raka till sin form[11]. Bevarade kistor från det medeltida Lund tyder på att de tillverkats av yrkesmän[16]. Flera av de trapetsoida kistorna i Åhus var väldigt snålt tilltagna både i fråga om längd och bredd. När kistan var för smal har det fått till följd att axlarna pressats uppåt, och när kistan var för kort har man böjt den döde framåt så att hakan tryckts ner mot bröstet. Knappt en femtedel av gravarna i Åhus var kistlösa, de döda hade lagts i graven endast i sin svepning.[11] Svepningen har oftast lett till att den döde ligger med benen och fötterna tätt ihop. En ung man låg däremot i en högst märklig position med benen brett isär. Kanske har det varit bråttom med begravningen, vilket fått till följd att han inte blivit svept utan att han istället gravlagts i sina gångkläder, fig 14.

Att begravas i kista var inte kopplat till en viss status. Förmodligen hade i sådana fall långt fler, framförallt bland de bättre ställda, använt

Fig 14 Kroppens position visar att denna man troligen gravlagts i sina kläder och inte i svepning.[11]

sig av kista. Orsaken till användning av kista skulle snarare kunna vara av praktiska skäl, till exempel att jordfästningen inte kunde äga rum dagen efter dödsfallet som brukligt var.[16] I de allra flesta fall rymmer kistan endast en individ men i Åhus hade man i två fall lagt mindre barn, förmodligen syskon tillsammans, fig 15[11].

I samband med kristnandet försvann seden att lägga gravgåvor till den döde. I Åhus påträffades visserligen fynd i en del gravar så som bältessöljor, en hyska och små bronsnålar men dessa kan betraktas som hörande till eventuella kläder eller svepningen[11]. En kvinna hade också fått sin rosenkrans, med 149 små pärlor med sig. En rosenkrans är ett pärlband som användes vid bön. Genom rosenkransandakten kunde man erhålla bot för sina synder. Man sökte Jungfru Marias beskydd och hjälp. En bön upprepades medan man mediterade över en rad mysterier som kallades rosor. Rosenkransen kunde bäras som halsband, armband eller i bältet.[22]

Fig 15 Två barn, förmodligen syskon, tätt ihop i samma kista.[23]

Trångt på kyrkogården

Dödgrävaren skulle förbereda en begravning. På den utsedda ytan fanns ingen gravmarkering bevarad. Till vänster om honom stod fortfarande det enkla träkors som markerade graven för den unga kvinnan som dog i lungsot för några år sedan. Det till häften förmultnade träkorset lutade kraftigt. Av erfarenhet visste dödgrävaren att det var möjligt att han skulle stöta på en äldre grav. När den nya graven var något mer än en halv meter djup såg han övre delen av två nästan förmultnade kistor där locken brutits sönder och jorden rasat in. Ytterligare några spadtag och han skönjde två kranier och överarmar. Han lyfte upp skelettdelarna och efter begravningen, då den nya kistan sänkts ner, placerade han dem på huvudändan av kistlocket. Vid ett annat tillfälle var det en spädbarnsgrav som stördes. Dödgrävaren lade inte märke till de små tunna benen och när jorden återbördades till den nya graven hamnade barnbenen högt upp i jordlagret. Regnvatten som strömmade ner i gravfyllningen gjorde att de sköra benen förmultnade helt och spåren av den lilla individen försvann för alltid.

Redan i de medeltida städerna låg gravarna tätt. Nästan alla gravar på dominikanernas kyrkogård i Åhus innehöll skelettdelar från tidigare begravda individer[11]. Alla gravar som störts har dock inte helt utplånats utan påträffas mer eller mindre bevarade. De allra flesta undersökningar av medeltida kyrkogårdar visar att om en grav störts är det framförallt skallen man brytt sig om att återbörda. Orsaken till detta är att graven ansågs vara där huvudet vilar[24]. Någon form av gravmarkering av förgängligt material har förmodligen funnits. I en skriftlig uppgift från 1100-talet omtalas att kors ska sättas på graven, vilket

man säkerligen gjort i Åhus. Ett tecken på detta är att gravarna tycks ha legat i rader, fig 16[11]. Bestående gravmarkeringar i form av gravstenar och gravmarkeringar med inskriptioner som anger den dödes namn, födelseår och dödsår är en sen företeelse i Norden. I större omfattning förekommer de först från 1600-talet. Från medeltid finns det endast i ett fåtal fall och då för personer från de högre samhällsklasserna. I möjligaste mån har man dock säkerligen försökt undvika att störa tidigare gravar, men i en växande stad med begränsad kyrkogårdsmark har tidigare gravar fått ge utrymme för nya. Idag köper man en gravplats för 25 år i taget, en tidsfrist som kan förlängas så länge släktingar betalar för gravrätten eller skötseln av graven. För 100 år sedan kunde man köpa en gravplats och betala ett underhåll på evinnerlig tid, i de fallen kan alltså gravplatsen inte tas i bruk på nytt även om det inte finns några släktingar i livet. Arkeologiska undersökningar har visat att det kan variera hur länge en grav från medeltiden kunde förbli ostörd. Variationen ses dels mellan olika kyrkogårdar dels mellan olika områden på en och samma kyrkogård. I vissa fall stördes graven redan efter fem eller sex år medan den på andra kyrkogårdar har legat orörd i flera

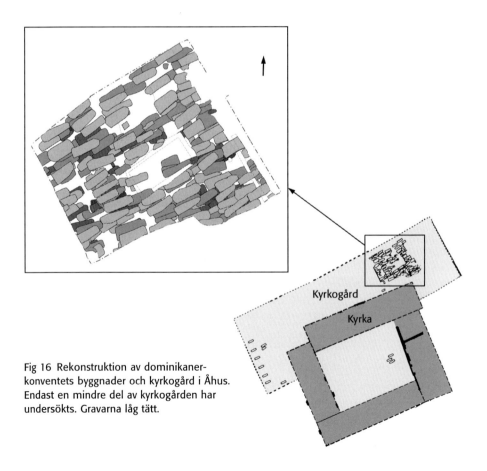

Fig 16 Rekonstruktion av dominikaner-
konventets byggnader och kyrkogård i Åhus.
Endast en mindre del av kyrkogården har
undersökts. Gravarna låg tätt.

hundra år[11]. En kropp förmultnar olika fort beroende på jordmån och vattengenomströmning, men efter omkring 15 år är mjukdelarna oftast helt borta. Består kyrkogårdsjorden däremot av tät och fet lera går nedbrytningen långsammare.

En gemensam gravplats

Kyrkans klockor ringde för andra gången denna dag. Ute på kyrkogården hade dödgrävaren nyligen fyllt igen ett barns grav. En procession av präster och lekbröder ledde nu en begravning för en av de egna. För tre dagar sedan hade en av svartbröderna vaknat och känt sig konstig. Han hade rest sig upp ur sängen men fallit till golvet. Det högra benet bar honom inte och den högra armen kunde han inte lyfta. Han hade ropat på hjälp men när han skulle berätta vad som hade hänt sluddrade han bara. Bröderna hade lagt honom i sängen igen och gett honom att dricka men han ville inget ha. Så somnade han igen och sov hela dagen. Mot kvällen, när en av lekbröderna kom in för att titta till honom, låg han i sängen med ögonen vidöppna och kroppen stel. Två dagar senare ägde begravningen rum. Hans grav lades en bit från koret i den östra delen av kyrkogården.

Detta scenario kan mycket väl ha ägt rum. Mannen skulle kunna vara en av dominikanerbröderna och den hos honom påträffade förkalkningen från ett av hjärnans blodkärl kan ha lett till en blodpropp i hjärnan och förorsakat hans död.

På den undersökta delen av kyrkogården var dubbelt så många män som kvinnor gravlagda. Även om endast en mindre del av gravplatsen undersökts tyder den skeva könsfördelningen på att såväl Dominikaner, folk från socknen och omlandet samtidigt utnyttjat samma kyrkogårds-området.

Vilka var då skälen till att folk från socknen lät sig gravläggas på konventets kyrkogård istället för på sockenkyrkogården? På medeltiden ansåg man att man kunde undgå den eviga fördömelsen och förkorta uppehållet i skärselden genom att det på dödsdagen hölls en själamässa. En präst fick enbart förrätta en själamässa per dag. I konvent och kloster fanns flera präster och flera altare och därmed möjligheter att läsa fler själamässor samma dag. Genom mindre eller större donationer kunde man försäkra sig om själamässor för ett antal år framåt eller för evig tid[16]. Gåvorna kunde vara små eller stora och även natura-produkter såsom korn, smör, öl och vax till ljus donerades. Stora gåvor i form av större penningbelopp eller fast egendom donerades i regel då slutet nalkades för individen.

Mot bakgrund av detta är det troligt att de gravlagda på domini-kanernas kyrkogård var folk som kunde betala för en gravplats, med andra ord de som hade det välbeställt. Det finns inga uppgifter om att dominikanerkonventet i Åhus bedrev någon sjukhusverksamhet men man kan naturligtvis ha tagit emot både fattiga och sjuka, vilka även begravts på kyrkogården.

Döden hemsöker gammal som ung

FJÄRDE KAPITLET

En vanlig uppfattning om levnadsförhållandena "förr i tiden" är att döden kom i tidiga år, att spädbarnsdödligheten var hög och medellivslängden låg. Problemet med denna uppfattning är att den inte är tidsfäst. När man frågar någon vad som menas med förr i tiden, berättar ofta den tillfrågade om släktingar tre generationer tillbaka och deras situation. Den tid man åsyftar sträcker sig sålunda endast 100 till 150 år tillbaka i tiden; en tid i Sverige som för många var svår med nödår och fattigdom och som gjorde att en eller flera anförvanter för gott lämnade Sverige för möjligheternas land i väster. Att levnadsförhållandena kunde vara svåra för bara 150 år sedan präglar helt klart vår uppfattning av samhällsutvecklingen, det vill säga att den ses som en rät uppåtgående linje. Slutsatsen blir att om förhållandena var svåra under 1800-talet måste de ha varit ännu värre under medeltiden.

Medellivslängd och spädbarnsdödlighet är två uppgifter som i dagens samhälle, världen över, används som mått på ett lands välfärd. Varje år får vi rapporter, som visar att utvecklingen går framåt. Medellivslängden ökar och för i-ländernas del är barnadödligheten nere på en mycket låg nivå, mindre än 1%, medan den i u-länderna fortfarande är hög. Ett problem med att jämföra medellivslängden från olika tidsperioder är att begreppet medellivslängd är missvisande, eftersom man i den inräknar barnadödligheten. Det gör att man inte får en korrekt uppfattning om hur gammal man blev om man överlevde till vuxen ålder, det vill säga till 20 års ålder.

Hur var då förhållandena i det medeltida samhället? Resultaten från osteologiska analyser indikerar ofta en låg dödlighet bland små barn samtidigt som få vuxna har uppnått hög ålder. Anledningarna till att vi kan misstänka att denna bild inte överensstämmer med verkligheten är att situationen är motsägelsefull. Låg dödlighet bland barn förespeglar ju goda levnadsförhållanden. Frågan är då varför vuxna inte skulle ha åtnjutit samma förmåner, de levde ju under samma betingelser? Lågt födelseantal skulle naturligtvis kunna vara en orsak, om antalet födda barn är lågt kan inte antalet döda vara högt. Det som dock talar mot en situation med få små barn och få äldre vuxna, är att kyrkogårdar med bra bevarade skelett uppvisar det motsatta förhållandet[25].

I det tidigmedeltida Lund finns till exempel en kyrkogård med bra bevaringsförhållanden och där större delen av kyrkogården är undersökt[25]. Dödligheten bland barn och ungdomar är där densamma som under 1600–1700-talen och den första hälften av 1800-talet, det vill säga de utgör ungefär 40% av alla individer som dog, fig 17. En minskning i dödlighet bland barn, och framförallt spädbarn, ses först i början av 1900-talet[26]. Det som också talar för att dödligheten bland små barn i det medeltida samhället bör ha varit ungefär densamma som under 1600–1800-talen är att dödligheten bland barn i åldern 6–13 år överensstämmer med de senare århundradena[25].

Att man inte finner så många små barn vid arkeologiska undersökningar kan bero på att barnskelett lättare förstörs eller att graven helt grävts bort då gravplatsen på nytt togs i anspråk. De gravplatser som användes under lång tid uppvisar ett stort antal söndergrävda gravar. Delar av dessa individers skelett påträffas mycket ofta i gravfyllningen till den nya graven. Skelett från barn, och då särskilt från nyfödda, kan i detta sammanhang mycket lätt hamna långt upp i gravfyllningen och förstöras av syre och vatten. En annan orsak är att barn gravlagts på vissa delar av gravplatsen, områden som inte alltid ingår i den del av kyrkogården som undersökts[25]. I det medeltida Lund har till exempel små barn gravlagts kring kyrkans heligaste delar runt koret och i takdroppet längs långhuset[16]. Man kan också se hur en del av gravplatsen under de första femtio åren använts för gravläggning av både barn och vuxna medan samma plats under kommande århundrade till stor del kommit att nyttjas för barngravar[25].

Beträffande de äldre i samhället är det svårt att förlika sig med vad många osteologiska analyser visar, att endast mellan 5 och 10% av den medeltida vuxna befolkningen uppnådde en ålder av 60 år eller mer[25]. Det skulle innebära att mycket få av medeltidens barn fick lära känna far- och morföräldrar och inte många vuxna skulle ha levt så länge att de fått se sina barnbarn växa upp. Förutsättningen skulle ha kunnat finnas om man under medeltiden gifte sig och fick barn mycket tidigt men att så varit fallet har vi inga uppgifter om.

Att de osteologiska resultaten inte speglar verkligheten är de flesta osteologer medvetna om. De senaste årens tester av de osteologiska metoderna, på skelettmaterial med känd individålder, har också visat att många vuxnas ålder felbedömts och att fler blev äldre jämfört med vad som tidigare framkommit[27]. Precis som för barn är bevaringsförhållanden av betydelse. Bra bevarade skelett medför en bättre och noggrannare åldersbedömning. Så visar till exempel material med välbevarade skelett att andelen vuxna som blev 60 år eller äldre kan uppgå till 25%[25].

Inför undersökningen av Åhusborna provades en nyligen framtagen metod för åldersbedömning av vuxna individer[5]. Resultatet visade att 27% av de vuxna vid sin död blivit 60 år eller äldre, vilket dock fortfarande är lågt jämfört med förhållandena under 1600–1700-talen och till mitten av 1800-talet, då andelen äldre vuxna som dog var mellan 45–50%[28], fig 18. Först i början av 1900-talet blev det fler vuxna som överlevde sin 60 års dag och sällade sig till skaran av äldre individer[26].

Varför finns det då anledning att förmoda att många vuxna uppnådde hög ålder även i det medeltida samhället? Svaret är att det finns inga skäl att anta att förhållandena skulle vara så mycket sämre under medeltiden jämfört med 1600-talet. Visserligen bidrog pestepidemierna under medeltiden till att många dog unga, men pesten härjade även under 1600-talet och i början av 1700-talet. Vad vi känner till finns det inga uppgifter som indikerar några hälsofrämjande förbättringar, som

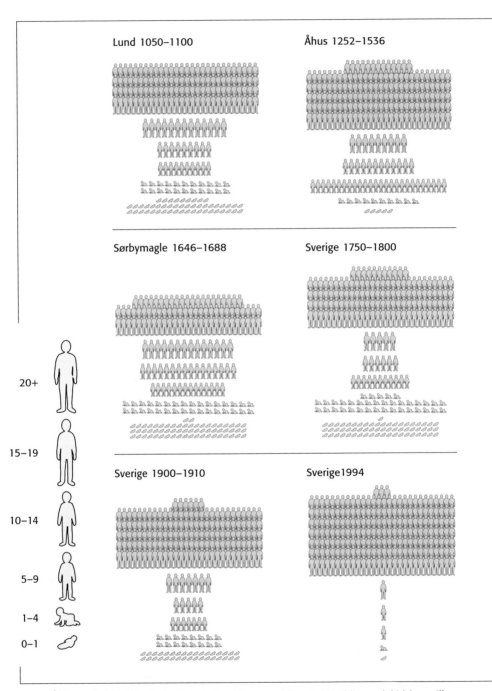

Fig 17 Åldersfördelning bland de döda (män, kvinnor och barn) från tidig medeltid fram till nutid. Uppgifter baserade på skelettmaterial respektive skriftliga källor.[29]

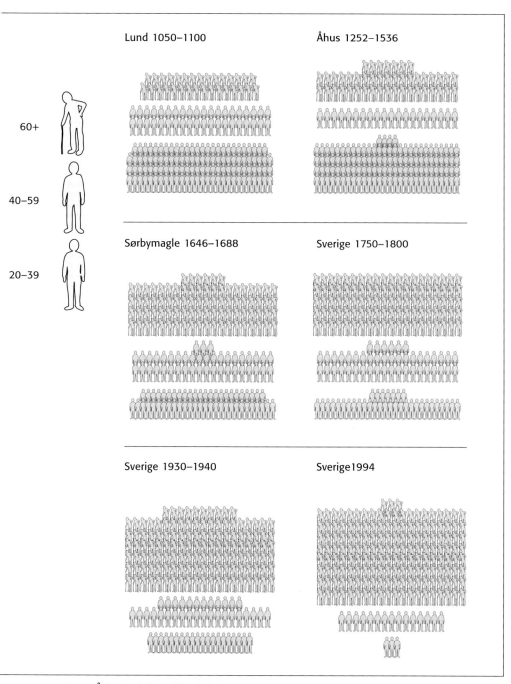

Fig 18 Åldersfördelning bland de döda (män, kvinnor och barn) som uppnått vuxen ålder från tidig medeltid fram till nutid. Uppgifter baserade på skelettmaterial respektive skriftliga källor.[29]

43

skulle vara av sådan betydelse, att andelen äldre bland de vuxna nästan skulle fördubblas på 100 år. Ökning av andelen äldre är en mycket sen företeelse i det historiska perspektivet. Det är först de senaste 60 till 70 åren som antalet personer över 60 år drastiskt har ökat[29]. Under åren 1931–1940 utgjorde andelen 60-åringar eller äldre 72% av de som uppnådde vuxen ålder, det vill säga 20 års åldern, medan de 1994 utgjorde 90%, fig 18[29].

Att dö i barnsäng

Plötsligt högg det till i ryggslutet, kvinnan blev yr och måste sätta sig. En obehaglig känsla kom över henne, det var inte tid ännu. Hon hade visserligen haft en del känningar de senaste veckorna och i förrgår var värkarna så starka att hon var tvungen att ligga till sängs hela kvällen. Grannfrun som hade varit kvinnan behjälplig vid tidigare födslar tillkallades. Hon var allmänt erkänd för att vara en duktig jordemor. Hon värmde vatten och tog fram linnetrasor under det att hon pratade lugnande med kvinnan. Vattnet hade gått, det var dags nu. Värkarna kom allt oftare men hon fick inte krysta än. Det var kvinnans tredje barn. Förlossningen drog ut på tiden men tidigt på morgonen föddes en pojke. Han var medtagen och skrek knappt. Jordemodern lindade in honom i en filt och gned honom på ryggen. Kvinnan somnade av utmattning men vaknade några timmar senare av att sängen kändes varm och fuktig. Jordemodern lyfte på täcket och fann att sängen var full med blod. Ytterligare en jordemor tillkallades men de kunde inte få stopp på blödandet. Kvinnan blev allt svagare och dog. Den nyfödde pojken var också svag. De blandade ut lite komjölk med vatten och försökte ge honom med sked, men han ville inget ha. Den ena jordemodern gav sig av för att hämta en kusin till modern. Kusinen hade fått barn för fyra månader sedan

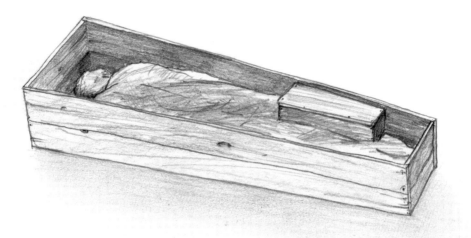

och hade mjölk så att det skulle kunna räcka till två. Tre dagar senare var det begravning. I kistan lades kvinnan på en bädd av halm. En nytvättad yllefilt täckte kroppen ända upp till hakan. I nedre delen av kistan ställdes en annan liten kista. I den låg, svept i ett linnetyg, den för tidigt födde sonen. Hans liv hade trots tappra försök inte kunnat räddas.

En liknande händelse kan ha inträffat för kvinnan och barnet som påträffades tillsammans i en av gravarna från Åhus. Ett ofullgånget barn har lagts i en egen liten kista som placerats över kvinnans vänstra underben[11]. Kvinnan, som vid sin död var mellan 30 och 40 år, kan ha varit barnets moder och dött i samband med förlossningen.

Förlossningskomplikationer som onormala fosterlägen, dåligt värkarbete, ett trångt bäcken eller att moderkakan ligger framför livmoderhalsen, havandeskapsförgiftning och barnsängsfeber utgör i dagens Sverige mycket sällan allvarliga problem. För bara 70–80 år sedan, liksom under medeltiden, kunde de däremot resultera i dödlig utgång för kvinnan. Förlossningstång, som kunde hjälpa jordemodern att underlätta huvudets framfödande i utdrivningsskedet, hade man inte tillgång till under medeltiden. De äldsta beläggen för dess existens är från 1600-talet, då den användes i hemlighet av en läkardynasti vid namn Chamberlen.

Först ett par årtionden in på 1700-talet konstruerade en fransman den tång som kom i allmänt bruk och kunde rädda många kvinnor och barn[30].

Hur vanligt var det då att kvinnor dog i samband med förlossning? Svaret är att det var inte särskilt vanligt. Den uppgift som oftast figurerar är den som speglar förhållanden som rådde på barnbördshusen i slutet av 1790-talet. Från Stockholm rapporterades då att var femte kvinna som förlöstes, dog i samband med förlossningen. Barnsängsfeber var det stora problemet, fig 20.[31] Den ungerske läkaren Semmelweis lade på 1840-talet märke till en ökad dödlighet bland nyförlösta på vissa sjukhus och konstaterade att detta berodde på att de medicine studerande, som var behjälpliga vid förlossningar, spred smitta från obduktionsrummen till förlossningsavdelningarna. Mödradödligheten var på dessa sjukhus fem gånger större än vid de avdelningar där förlossningarna sköttes av barnmorskor[32]. Han noterade också att dödligheten för de kvinnor som födde barn i hemmet var mycket låg[32]. Studier av material från 1750-talet har visat att mindre än 1% av förstföderskorna dog i samband med förlossningar[33], 1930 var motsvarande siffra 0,3%[33], fig 21 och idag dör endast 0,01%.

Beträffande mödradödlighet och barnsängsdöd finns från Norden inga medeltida skriftliga källor och det närmaste vi kan komma är uppgifter från en dansk kyrkobok från tiden 1646–1688. En del av de kvinnor som finns upptagna i denna bok var födda under andra hälften av 1500-talet. Sammanlagt hade 102 kvinnor genomgått 677 förlossningar och i endast 4 fall uppstod komplikationer, som resulterade i att kvinnan dog, det vill säga 0,6%, fig 19[34]. I arkeologiska sammanhang är det förhållandevis sällan som man påträffar skelett av kvinnor med spädbarn i samma grav.[16] Ännu mer sällsynt är det att man finner barnskelett i mag- eller bäckenregionen. På de större medeltida kyrkogårdsundersökningarna har man funnit i genomsnitt 0,9% kvinnor med fullgånget foster i bäckenregionen eller med ett nyfött spädbarn i samma grav[35]. Exempel på kvinnor som inte blivit förlösta finns bland annat

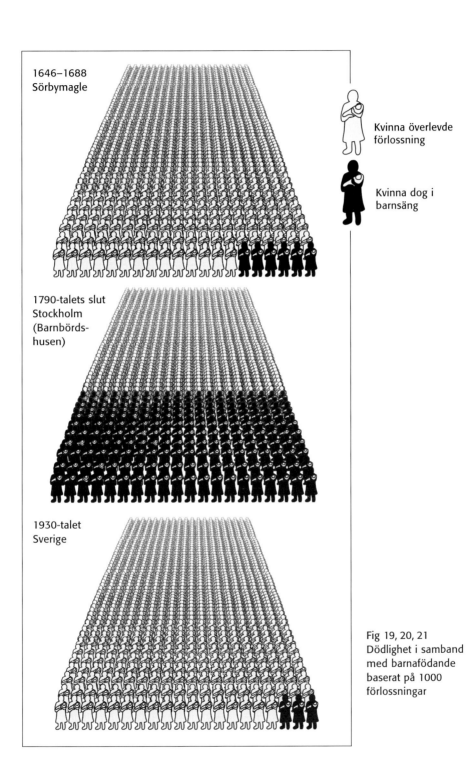

1646–1688
Sörbymagle

Kvinna överlevde
förlossning

Kvinna dog i
barnsäng

1790-talets slut
Stockholm
(Barnbörds-
husen)

1930-talet
Sverige

Fig 19, 20, 21
Dödlighet i samband
med barnafödande
baserat på 1000
förlossningar

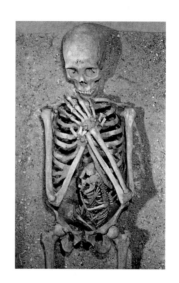

Fig 22 En kvinna med ej framfött
foster gravlagd vid Aebelholt kloster,
1175–1560. [36]

från S:t Stefans kyrkogård i Lund, S:t Clemens i Visby och Æbelholt kloster i Danmark, fig 22. På S:t Peders socken kyrkogård i Randers påträffades en ung kvinna som väntat tvillingar. Fostren var endast 6 fostermånader gamla och frågan är om komplikation i samband med graviditeten var orsak till hennes död.[37] Om man antar att antalet förlossningar per kvinna under medeltid överensstämmer med 1600-talet, så har varje kvinna i genomsnitt fött 6 barn. För Åhus del kan detta innebära att de 50 kvinnor som här låg begravda, tillsammans skulle ha genomgått 300 förlossningar. Eftersom spädbarn endast påträffats hos en enda kvinna innebär det att dödligheten i samband med graviditet och förlossning var ca 0,3%. Dessa beräkningar kan tyckas optimistiska och det bör poängteras att ben från foster och nyfödda, kan ha gått förlorade i samband med att gravar skadats.

Det förefaller dock troligt att dödligheten i samband med förlossning inte utgjorde någon betydande orsak till att kvinnor i det medeltida samhället dog i unga år. I detta sammanhang kan det vara intressant att nämna en uppgift från en dansk kyrkobok från 1600-talet som visar att mödrar som överlevt fertil ålder i genomsnitt hade fött 7 barn[38], fig 23. Kanske var det så att barnafödandet inte slet ut kvinnorna i förtid som vi ofta antar.

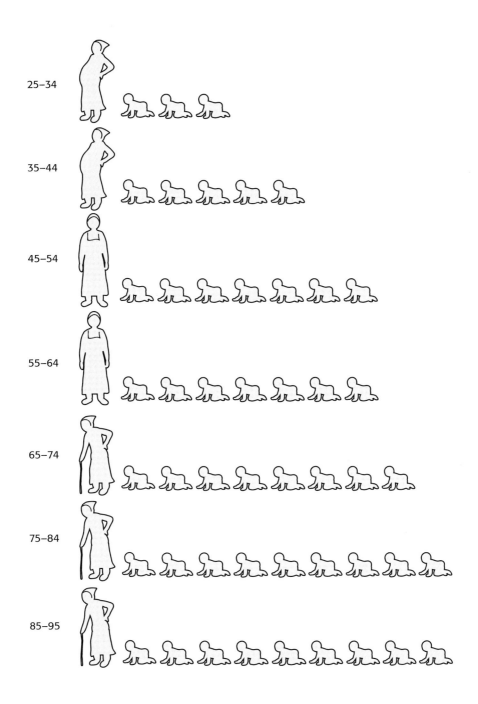

25-34

35-44

45-54

55-64

65-74

75-84

85-95

Fig 23 Barnafödande var inte huvudorsaken till att kvinnor dog i förtid. De som levde längst hade i genomsnitt fött flest barn.

Familjen mister åter en liten

Hennes blick föll på den lilla sängen. Varför skulle den stå tom? De hade ju det så bra, både med mat och husrum. Det var tredje gången nu som hon mist en liten, pojkar allihop. De två första hade hon förlorat strax efter födelsen. De hade båda var mycket små och taniga. Pojke nummer tre var bastantare, åt bra och verkade allmänt nöjd och belåten. Känslan blev därför oövervinnlig då hon en morgon vaknade och fann sängen alldeles blöt av bröstmjölk. Lillen hade inte vaknat på natten för att äta. Han låg där bredvid henne och såg ut som om han sov men det lilla bröstet höjdes och sänktes inte. Hon böjde sig fram över honom men ingen varm andedräkt kom ur hans mun. Hade han blivit för varm? Hon hade ju lindat in honom ordentligt för att skydda honom mot vinterkylan. Kanske hade han legat för nära henne, för trångt så han inte fick luft. Tankarna rusade igenom hennes huvud.

Barngravar med små och stora barn vittnar om den värsta mardröm man som förälder kan råka ut för, att förlora ett barn. Att bli lämnad kvar, att begrava ett barn är det värsta tänkbara. Ur en kyrkobok från mitten av 1600-talet kan man utläsa att vart och vartannat par hade upplevt att ett barn ryckts ifrån dem[38]. Vart fjärde eller femte barn hann aldrig ens uppleva sin ettårsdag och under svåra tider var det många som inte fick ta steget in i de vuxnas värld. Ändå var det så att majoriteten överlevde till vuxen ålder.

Under medeltiden var dödligheten precis som idag störst under de första levnadsmånaderna. Missbildningar, dåligt utvecklade lungor, komplikationer i samband med förlossningen och infektioner utgör idag de vanligaste dödsorsakerna[39] och säkerligen har förhållanden va-

rit desamma i det medeltida samhället. Idag inträffar 75% av alla döds-
fall hos spädbarn under nyföddhetsperioden, det vill säga under de för-
sta 28 dagarna[39]. Uppgifter från en dansk kyrkobok från 1600-talet
indikerar att så var fallet även då[38]. Osteologin har inte möjlighet att ge
så exakta data men i flera välbevarade skelettmaterial visar resultaten
att dödligheten bland spädbarn var som störst under de tre första må-
naderna[25].

Plötslig spädbarnsdöd är i dagens Sverige den vanligaste dödsorsa-
ken bland barn efter nyföddhetsperioden. Även om läkarna ganska
långt tillbaka i tiden förstått att det inte berodde på försummelse hos
föräldrarna, så var den förhärskande uppfattningen för 150–200 år se-
dan att kvinnorna låg ihjäl sina barn. Först på 1960-talet[31] uppmärk-
sammades plötslig spädbarnsdöd som speciell dödsorsak. Uppgifter från
några skånska socknar på 1600- och 1700-talen har visat att det finns
likheter med 1970-talets Sverige, beträffande åldersfördelningen för de

spädbarn som dog[40]. Resultaten visar att majoriteten av barnen dog i en ålder av 1–4 månader. Enligt nutida forskning är plötslig spädbarnsdöd den enda dödsorsak som kan förklara hög dödlighet i detta åldersintervall.[41]

Osteologin är inte till mycket hjälp när det gäller att fastställa dödsorsaker hos barn. Större delen av de sjukdomar som kan spåras i skelettet är nämligen kroniska tillstånd som inte leder till döden. Några exempel finns det dock, men de representerar undantagsfall. Från det medeltida Lund finns bland annat ett barn som förmodligen varit drabbat av leukemi, en sjukdom som på den tiden helt säkert lett till döden[25]. Där finns också ett barn som i fosterlivet blivit smittat av syfilis. Barnet levde i 10–12 år innan sjukdomen bröt ut[25]. De syfilitiska förändringar som då uppstod kan mycket väl ha orsakat barnets död. På S:t Petri kyrkogård i Helsingborg begrovs i tidig medeltid ett sjuårigt barn, vars skelett uppvisar mycket svåra förändringar orsakade av tbc. Även i detta fall har sjukdomen med allra största sannolikhet tagit barnets liv.[42]

I de flesta gravmaterial påträffas förändringar i skelett och tänder hos barn, vilka antas bero på under- eller felnäring av olika slag. Några specifika orsaker till dessa förändringar kan dock endast sällan konstateras och därmed är det inte möjligt att säga om de utgjort dödsorsaken.

Skriftliga källor från mitten av 1800-talet visar att infektioner av olika slag var de vanligaste dödsorsakerna och det är inte orimligt att anta att det även var så i det medeltida samhället. Sjukdomar som mässling, scharlakansfeber, difteri, dysenteri och tbc var några sjukdomar som orsakade för tidig död. Bättre bostäder, renare vatten, god tillgång på näringsriktig mat, upptäckten av antibiotika och vaccinationer har lett till att de numera kan botas eller förhindras.

Dödligheten bland barn är idag mycket låg i västvärldens länder. Färre än 1% dör före 15 år, under medeltiden var motsvarande siffra 45%.

Myten om vår kroppslängd

FEMTE KAPITLET

Med 174 cm i strumplästen var hon en av de längsta kvinnorna i Åhus och en bra bit över medellängd för stadens kvinnor. Föräldrarna var av normallängd, fadern 173 cm och modern 163 cm men morbrodern däremot var med sina 190 cm en av de resligaste karlarna i staden. Modern brukade säga, att det är efter honom som hon skjutit i höjden.

Direkt efter vårt inträde till denna värld blir vi vägda och sträckta i en mätlåda, tillväxtkurvor står i fokus, i alla fall under de första månaderna. Barnets längdtillväxt och den vuxna individens slutliga längd används bland annat som mått på individens, men också på befolkningens, hälsotillstånd. Varje år rapporteras om den ökade kroppslängden och jämförelser görs mellan folk i olika länder världen över.

Inom vissa yrkesgrupper är individens längd av betydelse. Soldater var den första yrkesgrupp där längd registrerades och för Nordens del började man denna uppmätning på 1600-talet. Många av oss minns Mobergs romanfigur Rasken[43]. När kapten Jägerschiöld, som själv var kortväxt, plockar ut knektämnen vill han ha välvuxna karlar till Konga kompani. Då Rasken anmäler sig blir kapten Jägerschiöld mäkta imponerad: "Lång är du som själva Goliat, så du får bocka dej i vinkel, om du ska gå in i ett lågt soldattorp". Man mäter honom och konstaterar att han är 6 fot och 8 tum lång, vilket motsvarar 197 cm.

Människors längd har alltid kommenterats, ofta med beskrivande epitet som att han var stor som en jätte eller liten som en dvärg, och i de flesta folkgrupper finns det både små- och storvuxna. Det framgår dock inte alltid så tydligt, eftersom man oftast anger den genomsnittliga kroppslängden. I det medeltida Åhus skiljde sig kroppslängden från den kortaste till den längsta med 41 cm, fig 24. I ett motsvarande material från Lund var skillnaden över en halv meter.[25]

Det är en allmänt utbredd missuppfattning att vår kroppslängd kontinuerligt ökat genom historien. Den verkliga bilden visar istället att den varierat från stenåldern fram till idag. Beräkningar av kroppslängd utifrån skelettet, visar att vid minst två tillfällen under förhistorien, 2300–1800 f.Kr. och 0–400 e.Kr., uppnår nordbor en kroppslängd motsvarande den vi har idag. På samma sätt finner vi att i mitten av 1800-talet är människorna lika korta som de var 4000–2300 f.Kr. Den medeltida människans genomsnittliga kroppslängd överensstämmer med svenskens i början av 1900-talet, fig 25.

Vad är det då som avgör hur långa vi blir? Om vi tänker efter så anser nog flertalet av oss, att kroppslängd beror på både arv och miljö. När man i familjen talar om den enskilda individen, framställs det som att arvet är av stor betydelse. Hur ofta har man inte hört hur en förälder säger om sitt barn: han är lång efter far sin, eller hon blir nog inte mycket längre, hon brås på sin mor. Å andra sidan när man talar om släktingar en eller två generationer tillbaka i tiden så säger man istället: jag är mycket längre än min far men det är ju inte så konstigt för när han var barn hade man det knapert med maten. Med andra ord associerar man då till att längdtillväxten har med tillgången på föda att göra.

Även i vetenskapliga sammanhang framgår det att det inte finns ett entydigt svar på frågan om olika gruppers varierande kroppslängd. Man bedömer att 80% av kroppslängden bestäms av arvet och resterande 20% av miljön[44]. Enligt vissa forskare är kroppslängden ett mycket känsligt mätinstrument[45]. De flesta vetenskapliga studier går också ut på att jämföra människor i olika sociala grupper. För den växande indi-

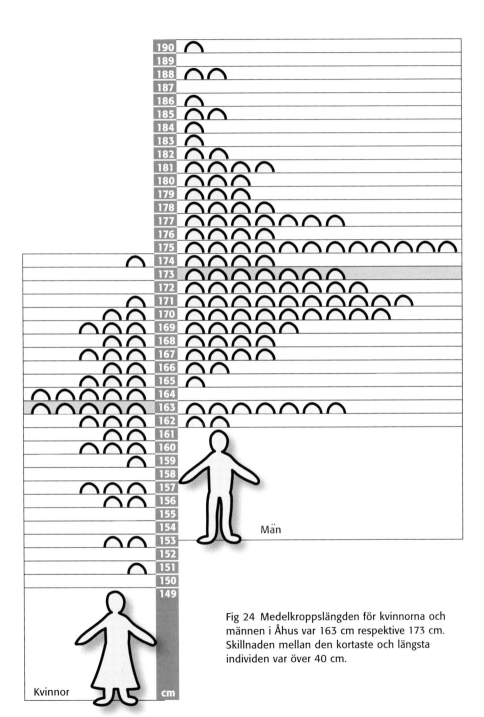

Fig 24 Medelkroppslängden för kvinnorna och männen i Åhus var 163 cm respektive 173 cm. Skillnaden mellan den kortaste och längsta individen var över 40 cm.

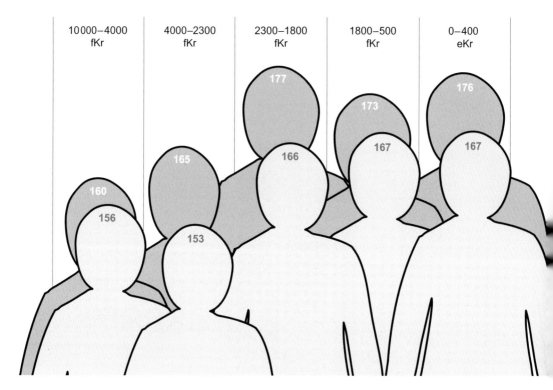

| 10000–4000 fKr | 4000–2300 fKr | 2300–1800 fKr | 1800–500 fKr | 0–400 eKr |

Fig 25 Människans kroppslängd har alltid varierat. Vid minst två tillfällen 2300 f.Kr och 0–400 e.Kr har nordborna varit nästan lika långa som idag. För bara 150 år sedan var de lika korta som 4000 år sedan. Under tidsperioderna 500 f.Kr- 0 och 400–800 e.Kr har vi inga belägg för kroppslängd eftersom seden att kremera gör att skelett saknas. 1926 baseras på mönstringsuppgifter för män.[46]

viden är dåligt näringsintag, sjukdom, otillräckliga hygieniska förhållanden, trångboddhet och klimat några av de miljöfaktorer som man anser påverkar kroppslängden. Studier visar att under 1900-talet har den genomsnittliga kroppslängden ökat hos folkgrupper från alla jordens hörn och forskarna är ganska övertygade om att denna ökning beror på miljön. Ofta nämns japanerna som den grupp som har växt mest på kortast tid. På 20 år, 1957–1977, blev den japanska befolkningen i genomsnitt 10 cm längre. Holländarna är den folkgrupp som idag uppvisar den högsta genomsnittliga kroppslängden, där männen är 181 cm[47].

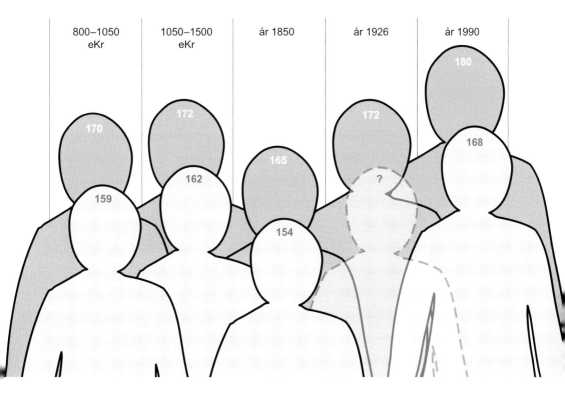

| 800–1050 eKr | 1050–1500 eKr | år 1850 | år 1926 | år 1990 |

Angående det förhistoriska samhället har vi begränsad information om levnadsförhållandena och det är därmed svårt att fastställa orsakerna till den varierade kroppslängden genom årtusendena. Beträffande medeltiden finns det inget som tyder på att människors längd ökat eller minskat under de 500 år vi kallar medeltid. Viss skillnad finns dock mellan olika grupper inom ett geografiskt begränsat område[25].

En faktor som indikerar relativt goda levnadsförhållanden i till exempel Åhus, är att skillnaden i den genomsnittliga kroppslängden mellan män och kvinnor inte var nämnvärt annorlunda jämfört med idag. Det antas nämligen att pojkar drabbas hårdare av miljöfaktorer, som till exempel sjukdomar och brist på föda, vilka bedöms påverka kroppslängden. Ogynnsamma levnadsomständigheter skulle i så fall minska skillnaden i kroppslängd mellan män och kvinnor och tvärtom.

I det medeltida Åhus var skillnaden i genomsnittlig kroppslängd mellan män och kvinnor omkring 10 cm. I Lund under samma tid var den närmare 12 cm[25] och i Sverige idag är den ca 11 cm.

Om vi idag använder kroppslängden som ett mått på hälsa och socialt välbefinnande bör det rimligen även vara användbart för bedömning av hälsotillståndet hos våra förfäder. Hälsoförhållandena för människor i det medeltida samhället bör i så fall ha varit likvärdigt förhållandena i Sverige i början av 1900-talet. Detta får en rad följder för resonemanget om människors hälsa. Bland annat blir det som nämnts i föregående kapitel ännu mer tydligt, det vill säga att medellivslängden, som också är ett mått på välstånd, bör ha varit i stort sett densamma under medeltid som i början av 1900-talet.

Tandhälsa före sockerbagarnas tid

SJÄTTE KAPITLET

"En sockerbagare här bor i staden, han bakar kakor mest hela dagen" lyder de första stroferna i barnvisan från tiden kring förra sekelskiftet[48]. Sockerbagare var en benämning på en yrkesgrupp som uppstod i slutet av 1600-talet. Benämningen har fått beteckna de som bakade söta bakverk. Till en början framställdes socker av sockerrör. De tidigaste beläggen för sockerframställning kommer från Indien på 500-talet f.Kr.[31] För Sveriges vidkommande omnämns socker för första gången i skriftliga källor år 1329, då man i samband med gravölet efter heliga Birgittas far inköpte 2 kg. Ännu på 1500-talet var det en lyxvara och de första användningsområdena var i läkemedel och som krydda. I Europa ökade tillgången på socker kraftigt i samband med kolonisationen av Amerika. Hos oss ökade konsumtionen av socker drastiskt först i slutet av 1800-talet, då odlingen av sockerbetan tog fart. Detta märktes också på tandhälsan. Ofta har man hört den gamla skrönan som berättar om att man i Sverige i början av 1900-talet fick löständer i konfirmationspresent.[17]

Socker i olika former har alltid varit eftertraktat av människan. Honung, det äldsta kända sötningsmedlet, insamlades till en början från vilda bin, fig 26. Redan för 4500 år sedan finns belägg för biodling i Egypten, fig 27. Det är inte känt hur stor honungsproduktionen var i det medeltida Sverige. Produktionen bör dock ha varit ganska omfattande eftersom biodlarnas rättigheter och skyldigheter finns reglerade i landskapslagarna. En viktig produkt av biodlingen under medeltiden var vaxet, som användes för tillverkningen av ljus.[17]

Fig 26 Människan har alltid uppskattat sötsaker och sökt det även om det innebar stora risker. Bilden, en grottmålning från La Arana i östra Spanien, visar hur man samlade in honung för omkring 8000 år sedan. Samma metod används fortfarande i till exempel dagens Nepal.[49]

Fig 27 För 3500 år sedan gick biodlingen i Egypten till på detta vis. Bilden kommer från en väggmålning i skatteindrivaren Rekhmires grav, på västra sidan av Nilen i Luxor. [50]

God tandhälsa har stor betydelse för det allmänna välbefinnandet. Den som drabbats av tandvärk vet vilken plåga det är. Att förlora en stor del av sina tänder medför, förutom utseendemässiga bekymmer, också att man inte lika lätt kan äta all sorts mat, vilket i sin tur försämrar hälsan. Smala grunda, mjuka fåror i emaljen visar dock att man tidigt använde tandpetare för att rensa mellanrummet mellan tänderna och vårda sin munhygien[51]. De första tandborstarna tillverkades i Indien redan på 500-talet f.Kr., men för Europas del skulle det dröja ända till 1800-talet innan tandborstning blev allmänt spridd[31]. Det finns enstaka tecken på tandbehandling i historien. På 700-talet f.Kr., finns det till exempel hos etruskerna fynd av tandproteser i form av bryggor i guld och konstgjorda tänder av oxtand. Från det medeltida Italien finns det uppgifter om att man fyllde den av karies angripna tanden med guld. Av de gamla grekiska skrifterna framgår, att man var restriktiv med utdragning av tänder. Erfarenheten visade att det kunde leda till allvarliga komplikationer och även dödsfall. Var tanden däremot lös ansåg man att den skulle dras ut.[30] För

Nordens vidkommande finns det exempel på tandbehandling både från stenålder och medeltid. Exemplet från stenålder visar på att man borrat i en kindtand med en flintborr[52]. I det medeltida klostret i Æbelholt i Danmark påträffades en pärla i ett hål i en hörntand. Man tror att den satts dit för att hindra matrester från att fastna i hålet[52]. Tandhälsan har utan tvekan försämrats över tid i takt med det ökade intaget av socker. Med den konsumtion av socker vi har i samhället idag hade tandhälsan i avsaknad av tandborste, fluortandkräm, tandhälsokontroller och förebyggande tandhälsovård bland barn och ungdomar varit erbarmlig redan i unga år.

Stora kratrar och varande böld

Det högg till och så kom den ilande känslan som kändes ända ner i stortån. Han tog sig för kinden, blundade och jämrade sig. Varje gång soppan var för het fick han känningar. Han mindes hur det hade varit. För två år sedan hade han haft liknande ilningar som bara blivit värre och värre och till slut hade det även börjat värka i tanden. Besvären hade så småningom gett med sig men tanden hade urholkats och varje gång han åt fick han ta en pinne för att rensa bort matrester som fastnat. Liknande ilningar hade nu uppstått i vänster käke, skulle nu plågan börja om igen? Mannen hade fina tänder men i tre av kindtänderna i överkäken hade karies fått ett fast grepp och skapat stora håligheter, fig 28.

Karies har förekommit hos folkgrupper världen över sedan urminnes tider. Redan för mer än 500 000 år sedan drabbades individer av karies[53]. De bakterier som orsakar karies har således alltid funnits hos människan. Om personen sedan utvecklar sjukdomen eller inte beror på fö-

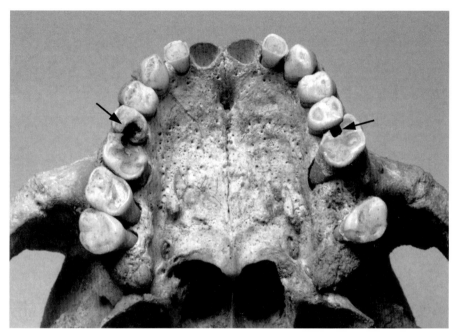

Fig 28 Karies har orsakat stora kraterliknande hål i kindtänderna.

dans sammansättning. Karies uppstår när bakteriebeläggningarna på tänderna kommer i kontakt med kolhydrater i vår föda och bildar syror som fräter på tändernas emalj och tandben. Tillståndet leder så småningom till håligheter som kan gå djupt och nå tandens inre. Då detta sker blir tanden känslig för kontakt med varmt, kallt och sött. En öppning till tandens inre möjliggör också för bakterier att ta sig ner i roten. En infektion med följande inflammation kan då uppstå.

I det medeltida Åhus hade över hälften av de vuxna individerna hål i sina tänder och nästan 10% av barnen och tonåringarna var drabbade. Barn får kariesbakterier från föräldrarna. Smittan överförs till exempel när föräldern slickar av den sked som barnet matas med, fig 29[54].

Den medeltida befolkningen generellt, och även Åhusborna, har drabbats av karies framförallt på tandytorna mellan tänderna. Äldre Åhusbor har däremot, precis som äldre idag, i högre grad ådragit sig karies på den blottlagda tandhalsen. Att barnen och ungdomarna inte var så

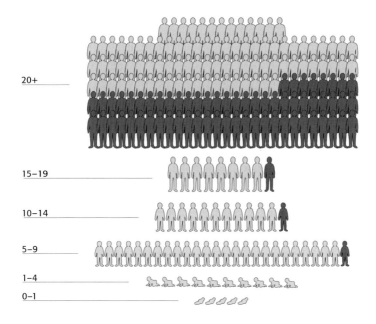

Fig 29 Karies drabbade framförallt den vuxna befolkningen. Bilden visar antalet personer med karies baserat på funnet tandmaterial.

hårt drabbade och att de vuxna har karies i det blottlagda tandbenet och inte på den hårda emaljen betyder att Åhusbornas föda inte speciellt främjade uppkomsten av karies.

Som redan nämnts hade den medeltida människan inte tillgång till rent socker annat än i form av honung. Basfödan utgjordes av gröt, bröd, kött och fisk. Viss tid på året hade man också tillgång till grönsaker som grönkål, vitkål, lök, kålrot, ärtor, frukt i form av äpplen men också bär och nötter. Färska ägg fanns under stor del av året och mjölk fanns tillgängligt under sommarmånaderna. Till den medeltida maten, som ofta var salt, sur eller starkt kryddad, behövde man dricka mycket, och öl var förutom vatten den vanligaste törstsläckaren. Öl tillverkades bland annat av mältat korn, jäst och vatten. För smaksättning, och för att dölja begynnande ättiksyrereaktion som lätt uppstod, använde man honung som gav ölen sötma och fyllig smak[55]. På 1100-och 1200-talen

64

började man även krydda ölen med humle och pors. Det finns uppgifter i skriftliga källor om att det konsumerades stora kvantiteter öl i det medeltida samhället[55].

Den medeltida människans tänder slets snabbt ned eftersom födan inte var finfördelad. De bestick man åt med var sked och kniv, gaffeln kom först på 1600-talet. En annan viktig orsak till det hårda tandslitaget var att maten dessutom innehöll slipmedel i form av stenmjöl i mjölet från kvarnarna. Mycket av maten tillagades också nära marken och det var lätt att sand hamnade på grönsaker och kött.

Många Åhusbor hade ådragit sig så stora kariesangrepp, eller slitit ned sina tänder så snabbt att pulpan blottlagts, fig 30. I flera fall hade det resulterat i att bakterier kunnat nå tandens inre och en infektion och inflammation uppstod då i käken. Ett runt hål med avrundade kanter vittnar om att inflammationen blivit kronisk och att varet som bildats vid roten sökt sig ut genom käkbenet. Att få var i munnen är otrevligt men tandvärken lättar. Infektion och inflammation i käken har också uppstått hos två av männen i Åhus, vilka genom olycka slagit av sina framtänder, fig 31.

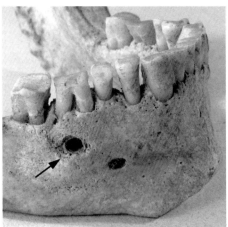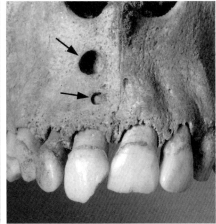

Fig 30, 31 Förutom karies, har hårt tandslitage och en avslagen framtand öppnat vägen för bakterier att nå pulpan och orsaka kronisk inflammation. Det runda hålet vid tändernas rötter, vittnar om att varet som bildats sökt sig en väg ut genom käkbenet.

Tänderna hängde på en skör tråd

Köttet var segt även om det hade kokat i flera timmar. Han tuggade och tuggade. De få tänder han hade kvar ömmade och smärtade när de vickade fram och tillbaka. I höger underkäke hade de flesta tänder lossnat helt och fallit ut och endast två återstod, varav den ena i allra högsta grad hängde på en skör tråd, fig 32. Även tänderna i vänster överkäke hade för länge sedan fallit ut och han hade därför ett ofullständigt antal tänder i båda käkhalvorna. Inflammationerna och de delvis stora beläggningarna av tandsten kring de kvarvarande tänderna gjorde att andedräkten var illaluktande. För en tid sedan, när han skulle bita av en köttbit, hade han tagit i för hårt så att roten på en tand hade brutits av och vikt sig inåt kinden. Tandlossningsproblemen hade pågått i flera år, en efter en hade tänderna fallit ut. Han var till åren kommen och hade levt gott i sina dagar. Att leva på havregrynsgröt kändes trist, då kämpade han hellre på med köttet även om tänderna ömmade.

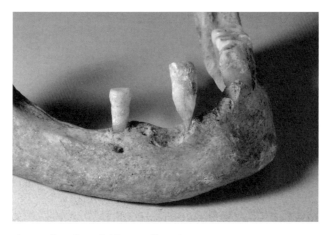

Fig 32 Långt framskriden tandlossning.

Mannen hade haft uppenbara problem med tandhälsan i form av en omfattande och utbredd tandlossning. Över 40% av de vuxna Åhusborna hade av olika anledning förlorat flera tänder innan de dog, fig 33. Någon helt tandlös har dock inte påträffats. Kindtänderna har drabbats hårdast både av omfattande tandlossning och lokala inflammationer. Bland de äldre individerna, de över 60 år, hade över 80% någon form av tandproblem.

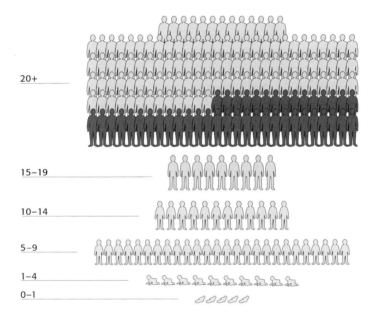

Fig 33 Tandlossning var ett problem framförallt för de äldre Åhusborna. Bilden visar antalet personer med tandlossningsproblem baserat på funnet tandmaterial.

Som tidigare nämnts var man hos de gamla grekerna restriktiva med att dra ut tänderna och förhållningssättet förefaller ha varit detsamma hos oss i Norden. Det finns åtskilliga exempel på tänder med stora gapande hål, vilka gett besvär, men som man ändå valt att behålla. Rotstumpar skulle kunna vara indikationer på att man ibland drog ut tänder men misslyckades. Tandhalsen kan ha varit så angripen av karies att kronan lossnat när tanden skulle dras ut, fig 34.

Åhusbornas tandhälsa var ungefär densamma som hos de samtida Lundaborna[25] och förmodligen ganska typisk för befolkningen i Skåne under den tiden. Den främsta orsaken därtill, torde vara att socker-konsumtionen var sparsam oavsett var man bodde.

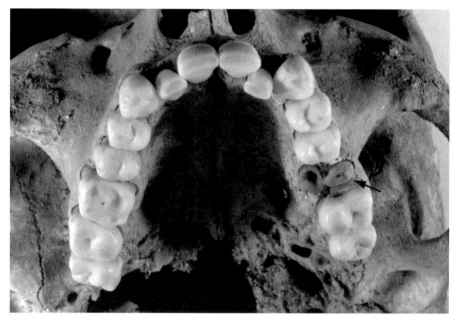

Fig 34 Rotstumpar, exempel på ett misslyckat försök att dra ut en tand som var hårt karierad.

Värk, stela leder och handikapp

SJUNDE KAPITLET

Smärtande och värkande små och stora leder har alltid varit de vanligaste orsakerna till fysiskt handikapp. I dag finns en hel del hjälp att få för den som drabbas, såsom medicin mot inflammationer och smärta, sjukgymnastik, ersättning av en sjuk led, olika typer av handikapphjälpmedel och ett samhällsekonomiskt skyddsnät. Medeltidens människor hade långt mindre möjligheter. Kryckor, stödjande bandage och vissa smärtlindrande örtavkok var förmodligen det som stod till buds. Försörjningsbördan fick tas över av andra familjemedlemmar.

Flera av ledsjukdomarna uppträder först i vuxen ålder, och många ganska sent i livet, medan vissa uppträder redan i barndomen. Trots dagens alla hjälpmedel och botemedel utgör ledsjukdomarna alltjämt ett stort bekymmer. De flesta ledproblem är kroniska och orsakar besvär i årtionden. I takt med den allt högre andelen äldre ökar antalet individer med sjukdomar i lederna. År 2000 beslöt ortopeder i samarbete med WHO att det följande decenniet skulle tillägnas rörelseorganens sjukdomar[56].

Orsakerna till ledproblem idag är i stort sett desamma som för 500 eller 5000 år sedan, inflammationer, infektioner, störningar i kroppens ämnesomsättning, överbelastning och sist men inte minst ålder.

Artros, eller "ledbroskförslitning" som det ofta benämns, är den vanligast förekommande ledsjukdomen både i dagens samhälle och bland våra förfäder[25]. Den som drabbas blir handikappad eftersom sjukdomen ger stelhet, smärta vid rörelse och i svåra fall även värk vid vila. Vid artros blir av olika anledningar det brosk som skyddar leden tunnare och så småningom försvinner det helt. När leden används nöter de oskyddade bendelarna mot varandra och benytan blir blank som elfenben[57].

I dagens befolkning studeras ledbroskförslitning bland annat via röntgen. På röntgen kan tjockleken på det skyddande ledbrosket observeras genom att man ser hur stor ledspringan är mellan de olika bendelarna. Minskad ledspringa är ett tecken på att ledbrosket börjat förstöras. I skelettmaterial är brosket inte bevarat och det är endast möjligt att fastställa om en person haft ledförslitning i de fall förändringen gått så långt att så kallad elfenbenstruktur uppstått.

Det är framförallt äldre som drabbas av artros, och omkring 10% av dagens befolkning har redan vid 60 års ålder rörelseinskränkning i någon led. Eftersom artros är så vanligt bland äldre förväntas det vara en följd av åldrandet. Ålder är en av de viktigaste orsakerna till artros men den är dock inte den enda och allenarådande faktorn, vilket följande kända kommentar visar: "En äldre man uppsöker sin doktor och klagar över en gnagande värk i knäleden. Doktorn svarar – Nå, du är 75 och detta är ett led i åldrandet. Den förvånade patienten svarar – Mitt andra knä är lika gammalt men det gör inte ont"[58].

Ökad mekanisk belastning på en led, tungt kroppsarbete i många år, skador på leden och kraftig övervikt ger en ökad risk för uppkomsten av artros. Det senare kan också leda till förändringar i ämnesomsättningen som ökar risken för artros i fingrarnas leder[59]. Höft och knä är de leder som oftast är drabbade men artros förekommer i alla små och stora leder. När artros drabbar flera av kroppens olika leder talar man om generaliserad artros, vilket innebär att den drabbade har ett ärftligt anlag för att utveckla sjukdomen[60].

Gikt, ofta kallad "portvinstå", är en gammal sjukdom och den beskrevs redan av Hippokrates 400 f.Kr. Den klassiska beskrivningen av ett giktanfall gjordes av den engelske läkaren Sydenham på 1600-talet, en man som själv led av gikt under nära 30 år. Sjukdomen har ofta betraktats som en vällevnadssjukdom och framförallt den frossande mannens sjukdom. Ett av Sydenhamns kända visdomsord lyder "Om du dricker vin får du gikt. Om du inte dricker vin, har gikten dig i sitt grepp". I ett försök att trösta sina, av gikt ansatta, patienter sade han "gikt drabbar de rika oftare än de fattiga och sällan angriper de dåren"[61].

Gikt är en ämnesomsättningssjukdom som orsakas av att den urinsyra som bildas naturligt i kroppen, och som normalt försvinner via urinen, istället ansamlas i blodet[62]. Urinsyra bildas av så kallade puriner vilka uppstår vid nedbrytning av kroppens celler men de kan också komma från födan[63]. När koncentrationen av urinsyra i blodet blir för hög bildas kristaller som lagras i leder och eventuellt i hud och njurar. Dessa urinsyrekristaller är vassa, retande och när de lagras kring leden uppstår det som kallas gikt[62].

Den vanligaste orsaken till gikt är en medfödd, ofta ärftlig, nedsatt förmåga att utsöndra urinsyran[63]. I dagens samhälle kan också gikt drabba den som använder vätskedrivande medicin. Majoriteten av de som har höga halter av urinsyra i blodet utvecklar dock inte gikt. Över 90% av alla de som drabbas av gikt är män över 30 år[61].

Anfallen av gikt framkallas av bland annat överkonsumtion av alkohol, av födoämnen med högt proteininnehåll till exempel kött, inälvsmat och vissa fiskarter. Övervikt eller blödningar i magen och tarmarna kan också utlösa ett giktanfall. Den första giktattacken drabbar ofta bara en led och då oftast stortåns led, men även knäleder och fotleder kan drabbas. Den drabbade leden blir röd, svullen och mycket känslig för beröring, så känslig att den inte ens tål trycket av ett lakan. Attackerna varar 24–36 timmar och efter flera attacker blir leden inflammerad och en kronisk värk uppstår.[62] Vad ordet "portvinstå" syftar på framgår inte av historiken, om det var just konsumtion av portvin som giktdrabbade konsumerade eller om det syftade på den svullna tåns kulör.

På medeltiden kunde man, precis som idag, förebygga giktattacker genom att undvika den mat och dryck som utlöste dem. Det var dock först 1776 som kemisten och den svenske apotekaren Scheele upptäckte urinsyran och några år senare påträffade engelsmannen Wollaston urinsyra vid undersökning av innehållet i giktknutor från sitt eget öra[62]. Idag vet man också att övervikt är av betydelse och man kan därigenom lindra sjukdomen genom att gå ner i vikt.

Det äldsta och mest kända inflammationsdämpande medlet som används för att lindra giktattacker, är kolkicin. Ämnet var känt redan under antiken och används än idag. Kolkicin finns i knölstammen på växten Tidlösa, som växer vilt i södra Europa och Afrika. Till Norden har den förmodligen kommit med klostermedicinen under medeltiden. Kolkicin utvanns till en början från själva knölstammen. Dess innehåll kan dock variera med årstiderna och på 1800-talet gick man över till att bereda det ur fröna som hade ett mera jämnt innehåll på det verksamma beståndsdelen.[64] De två läkemedel som idag används vid gikt syftar till att antingen öka utsöndringen av urinsyra via urinen, eller att hämma bildningen av urinsyra.

Förutom "ledförslitning" och gikt var Åhusborna drabbade av en rad andra ledsjukdomar. Inte minst var, precis som idag, "belastningsförändringar" i ryggen vanliga.

Minsta led – led av problem

Kallt och ruggigt var det när han vaknade på morgonen. Det var som om kylan letade sig ända in i märgen. Han sträckte sig efter skjortan som hängde över sänggavlen. Det sved till i höger axel och den blev varm. De senaste veckorna hade han ibland vaknat med en molande värk och axeln ömmade vid minsta beröring. Den vänstra axeln värkte också men för närvarande var den mest stel. Fig 35. Utan att lyfta den högra armen trädde han försiktigt in den i skjortärmen, gjorde ett försök att lyfta armen för att kunna föra skjortan bakom ryggen men det gick inte. Han lade båda händerna i knät och tog ett djupt andetag. Ett nytt försök men nej, smärtan var för svår. Han ropade på hustrun som kom och hjälpte honom. Även händerna hade han problem med, de värkte inte men de små knutorna på vardera sidan om yttersta leden på pekfingrarna var ömma. På de andra fingrarna hade han haft liknande knutor men de ömmade inte längre utan hade stelnat och gick inte längre att böja. Påklädning, kamning och de vanliga sysslorna hemma kunde hustrun hjälpa honom med, men arbetet i tunnbinderiet hade blivit allt svårare att utföra. Han hade passerat de sextio för ett bra tag sedan så han borde ha rätt att ta det lugnt. Som tunnbindare i drygt 50 år hade han dragit sitt strå till stacken. Han och hans hustru hade blivit både mor- och farföräldrar till sammanlagt nio barnbarn. Från de vuxna barnen kunde de förvänta sig hjälp att klara livhanken så här på ålderns höst. Barnbarnen kom också och hjälpte till, hämtade vatten, bar in ved och hjälpte mormor med tvättkorgen ner till bryggan.

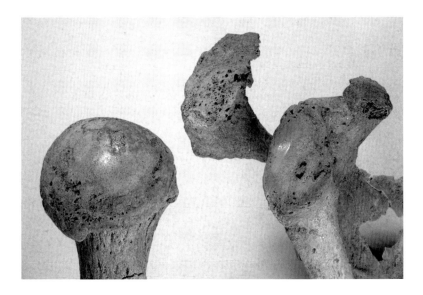

Fig 35 Den blanka ytan på benen i höger axelled vittnar om att det skyddande brosket försvunnit flera år innan mannen dog och att ben nött mot ben.

Så här kan tillvaron ha tett sig för en av männen i det medeltida Åhus. Mannen, som vid sin död var över 60 år, var en av flera Åhusbor som i årtionden haft artros. Den gamle mannen var illa drabbad. Flera av kroppens små och stora leder uppvisade spår av sjukdomen. Precis som idag utgjorde "ledförslitning" den vanligaste ledsjukdomen hos den medeltida befolkningen och så även i Åhus, där minst 14% var drabbade. Det var i stort sett lika vanligt hos män som hos kvinnor. Minst 17 av de 95 männen och 8 av de 53 kvinnorna på svartbrödernas kyrkogård i Åhus hade haft artros och precis som idag var det framförallt de äldre som var drabbade, fig 36.

"Ledförslitning" förekom hos Åhusborna både i kroppens små och stora leder, fig 37. Trots avsaknad av all den information som dagens ortopeder har tillgång till, exempelvis uppgifter om tidigare skador och förekomsten av artros i släkten, så har det ändå för en del av Åhusborna

Åhus 1252–1536

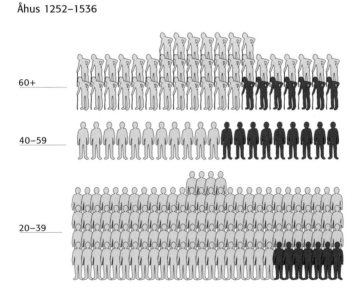

Fig 36 Artros var vanligare hos individer äldre än 40 år. Bilden visar antalet personer med artros baserat på funnet ledmaterial.

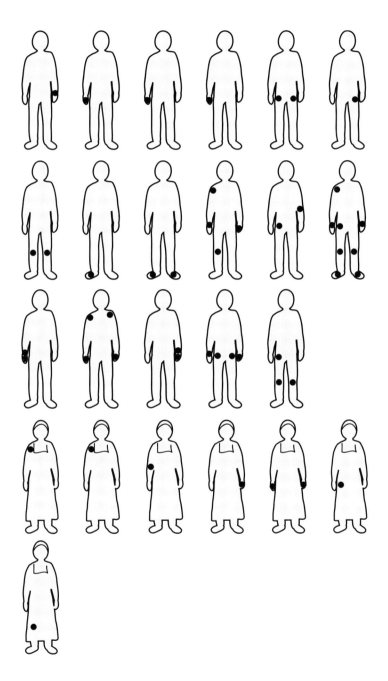

Fig 37 Artros drabbade både små och stora leder. Några individer var mer drabbade än andra.

varit möjligt att säga något om orsaken till artrosen. Hos nio av de 25 kan man sluta sig till att skador på skelett, utsliten ledkapsel eller söndernötta senfästen är den bakomliggande orsaken till artros. Två av de drabbade, båda män med "ledförslitning" i höftlederna, har varit drabbade av ledproblem sedan ungdomsåren. Någon gång under uppväxten har lårbenets ledkula glidit ur sitt ursprungliga läge och gjort så att den inte längre passade i ledpannan. Resultatet blev att de relativt tidigt i livet ådrog sig artros i höftleden, fig 38.

Nästan en fjärdedel av de med artros uppvisar förändringar i flera av kroppens olika leder, så kallad generaliserad artros, det vill säga en form av artros som misstänks vara ärftlig. Tre av dessa individer har

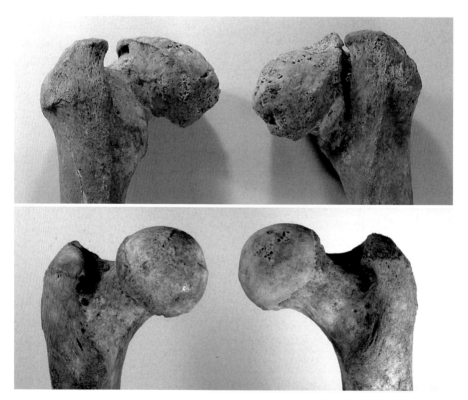

Fig 38 Den övre bilden visar höftlederna hos en man som redan i ungdomsåren fått en glidning av lårbenets ledkula. Den undre bilden visar normala höftleder.

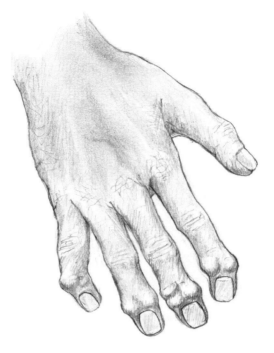

Fig 39 Knutor i de yttersta fingerlederna, så kallade Heberden's knutor, avtecknar sig på fingrarnas skelett som nybildning av ben i ledernas ytterkanter.

haft artros i de yttersta fingerlederna i kombination med ömmande knutor, så kallade Heberden's knutor, fig 39. Hos drygt 30% av Åhusborna har dock ingen bakomliggande orsak konstaterats. Dessa har framförallt haft "förslitningsskador" i höft och knäled.

De medeltida Åhusborna var ungefär lika drabbade av "ledförslitning" som samtida Lundabor[25]. I Åhus har dock även händernas och fötternas leder kunna studeras i mycket större omfattning, vilket gör att den totala andelen drabbade är fler än i Lund. Flera av medeltidens arbetsplatser, som till exempel smidesverkstäder och byggarbetsplatser, kan ha gett upphov till skador som med åren orsakat artros. Men även olyckor i det vardagliga livet kan resultera i likartade förändringar. Även om skador utgör en stor del av orsaken så tycks ålder precis som idag vara en betydande faktor för uppkomsten av "ledförslitning" även hos Åhusborna. Övervikt kan vara ett tecken på välstånd och orsak till "ledförslitning"i knäna.

Hur många av de artrosdrabbade Åhusborna har då haft besvär av sin "ledförslitning"? Som nämnts i inledningen är symtomen inskränkt rörelseförmåga, stelhet och värk. Vad vi vet idag är det fler kvinnor än män som har symtom från sin artros i höft- och knäleder och värst drabbade är utan tvekan de som har haft artros i flera leder. De Åhusbor som har haft artros i axelleden har ådragit sig den genom tidigare skador på den kapsel som omger leden och har redan innan artrosen uppstått haft en inskränkt rörelseförmåga och värk. De ovan nämnda männen med ledförändringar sedan ungdomsåren har haft problem i många år.

Heberden's knutor har lett till ömma och stela fingerleder. Flertalet av de drabbade Åhusborna har haft symtom och många av dessa har varit handikappade.

Vad handikappet innebar berodde mycket på deras livssituation, om de var ensamma eller hade familj som kunde hjälpa dem. Ju yngre de var när de drabbades desto större var problemen med tanke på försörjningen.

Portvin, kött och smärtande stortå

Kroppen hade känts svullen och tung sedan en tid tillbaka. Han hade inte haft någon särskild aptit förrän igår då han plötsligt kände riktigt för att frossa. Trots att han visste med sig vad som skulle kunna komma att hända besökte han en av stadens bättre matställen för att få sig ett riktigt skrovmål. Han åt en stor helstekt biff med kokta kålrovor och drack flera glas vin. Mätt och belåten gick han till sängs och somnade gott men bara för att några timmar senare vakna av en fruktansvärd smärta i den ena stortån. Fig 40. Det kändes som om hela tån gått ur led och som om någon gav sig till att hälla iskallt vatten över den. Så följde frossbrytningar och feber. Efter en stund nådde smärtan sin kulmen men övertogs av våldsamma

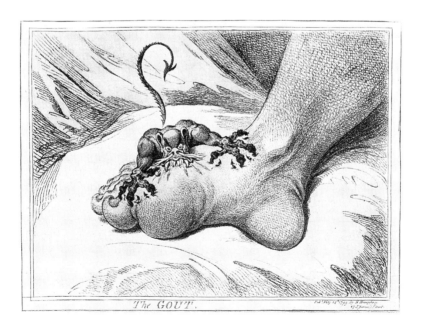

Fig 40 Som om djävulen slagit sina klor i din stortå, så hemsk är smärtan.[65]

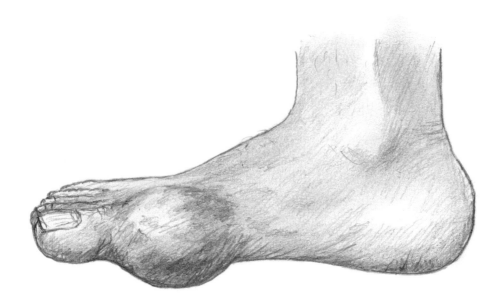

sträckningar av senorna och en gnagande känsla tog vid. Foten tålde inte minsta beröring och han lyckades få av sig den tunga yllefilten som han hade som skydd för januarikylan. Natten avlöpte under fortsatt tortyr och sömnlöshet. På morgonen lugnade det dock ned sig något. Han somnade och vaknade upp fri från smärta. Han såg på foten. Det enda tecknet på den fruktansvärda nattplågan var att blodkärlen kring stortåleden var uppsvällda. Trots att det inte var första gången som han drabbats invaggades han i förhoppningen om att det hela var över. Under de två, tre följande dygnen återkom dock smärtan, som blev värre på kvällen men lindrades framemot morgonen. Ett par dagar senare drabbades även den andra foten.

Stora djupa gropar i benet i anslutning till stortåns led vittnar om att minst fem av de män som fått sin sista vila på dominikanerkonventets kyrkogård i Åhus, hade varit drabbade av det kroniska gissel som beskrivits härovan, nämligen gikt, fig 41. De drabbade männen var samt-

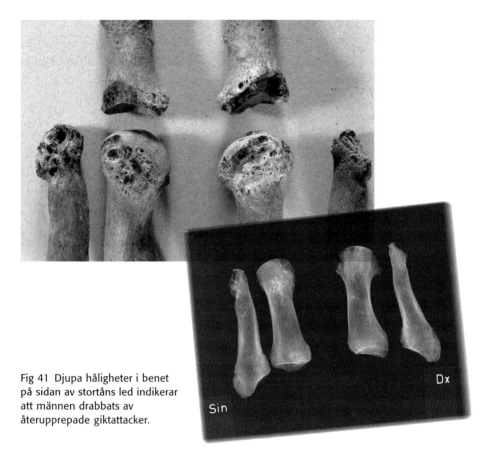

Fig 41 Djupa håligheter i benet
på sidan av stortåns led indikerar
att männen drabbats av
återupprepade giktattacker.

Sin

Dx

liga över 40 år vid sin död. Fyra av dem har varit hårt ansatta av kronisk gikt och under många år av sitt liv haft återkommande attacker, vilket satt spår i både fötternas och händernas ben.

Varför hade då dessa män från Åhus gikt? Var de släkt med varandra och bar på den ärftliga formen av sjukdomen, eller hade problemen uppkommit i samband med riklig konsumtion av kött och alkohol? Huruvida de var släkt med varandra kan den nuvarande undersökningen inte svara på. De är inte gravlagda särskilt nära varandra och dateringarna tyder på att de kan ha levt i Åhus ungefär samtidigt. Kanske kan framtida DNA-analyser ge svar på frågan om släktskap.

Hur vanligt gikt var i Norden under medeltiden vet vi inte. Dessa fall från Åhus är de första som beskrivits men helt säkert har det förekommit på andra platser. I medeltidens Holland hade närmare 5% av befolkningen gikt[66], vilket är ungefär detsamma som hos de undersökta medeltida Åhusborna. I dagens Sverige drabbas årligen 1–3 per 1000 invånare. Den medeltida maten med stor konsumtion av kött och inälvsmat och fet fisk som sill och makrill har säkerligen varit av betydelse för uppkomsten av giktattackerna hos männen från det medeltida Åhus. Kanske var de en grupp av välmående, överviktiga män med god tillgång på fet mat och alkohol, exempel på människor som levt gott i medeltidens välfärdssamhälle.

Välfärdssamhällets hälsogissel?

Ett välfärdssamhälle är ett överflödens och bekvämligheternas samhälle, inte för några få utan för det stora flertalet. Den stora och viktiga förändringen i ett välfärdssamhälle är den kraftigt förbättrade folkhälsan, en förändring tack vare jämnare tillgång på bra mat, bättre bostadsstandard, goda hygieniska förhållanden, ökad kunskap om sjukdomars orsak och smittsamhet och inte minst medicinska behandlingar. I välfärdens samhälle har dödligheten i unga år kraftigt reducerats, vilket fått till följd att en stor del av befolkningen uppnår en mycket hög ålder.

Ordet välfärdssamhälle har för det mesta en positiv klang men en ökad förekomst av vissa sjukdomar såsom cancer, åderförkalkning och diabetes förknippas med en negativ sida av denna typ av levnadssätt. Strävan är att bli gammal och dö "frisk". Är vi då på väg att nå dit? Vad jag har förstått finns det bland forskare två ståndpunkter. Den ena är att vi skjuter det ofrånkomliga åldrandet, och de krämpor som det kan innebära, på framtiden. Den andra är att det finns en biologisk gräns för hur länge kroppen håller, vi blir allt äldre men vi får dras med sjukdom under en längre period av vårt liv.

Enligt statistiska centralbyråns register över dödsorsaker från 1911 till 1997 är hjärt-kärlsjukdomar och cancer de sjukdomsgrupper som ökat mest och utgör idag de vanligaste dödsorsakerna. Enligt registren har antalet individer som dött i hjärt-kärlsjukdomar nästan tredubblats och antalet människor vars dödsorsak var cancer mer än fördubblats under denna period, fig 42.[26] Vad beror då denna ökning på? Orsakerna är säkert flera. Både hjärt-kärlsjukdomar och cancer är sjukdomar som

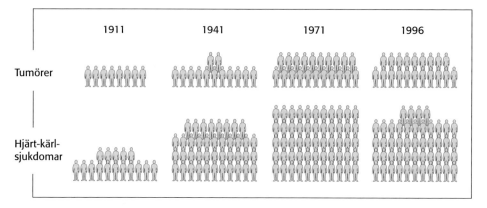

Fig 42 Antalet individer vars dödsorsak är tumörer eller hjärt-kärlsjukdomar ökade under 1900-talet. [26]

i mycket hög grad drabbar oss när vi blir gamla. Den kraftigt ökade andelen äldre i befolkningen är en viktig förklaring till den ökade förekomsten av dessa sjukdomar. Idag är det långt fler av de som uppnår vuxen ålder som blir gamla, än vad som var fallet i början av 1900-talet, fig 43.[26] Majoriteten av alla som drabbas av hjärt-kärlsjukdomar är äldre än 75 år [1]. Beträffande cancer har antalet cancerfall under de senaste 40 åren mer än fördubblats i åldersgruppen 65–79 år och nästan fyrdubblats hos de över 80 år[67]. Den cancerform som tydligast visar koppling till ålder är prostatacancer, där den absoluta majoriteten av de män som drabbas är över 75 år[67].

En annan förklaring till ökningen är att diagnosticeringen idag är så mycket bättre, man vet i högre utsträckning vad man dör av. De faktorer som vi däremot oftast får höra att ökningarna av dessa sjukdomsgrupper beror på, är vårt "artificiella" levnadssätt och det giftiga avfall vi omger oss med, vilket förknippas med ett liv i välfärdssamhället. En del av dessa faktorer kan vi själva som enskilda individer påverka, medan vi är beroende av att samhället tar ansvar för andra. Till de första hör till exempel våra matvanor, konsumtion av alkohol, rökning och solning. Det som är hela samhällets ansvar är att våra arbetsplatser och vår natur är fria från kemiska ämnen som misstänks vara cancer-

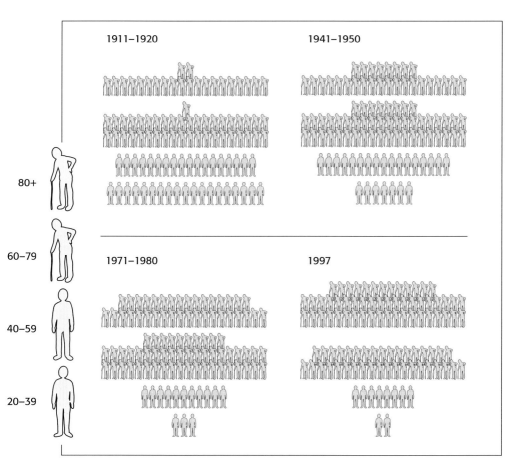

Fig 43 Långt fler vuxna uppnår idag hög ålder.[26]

framkallande, såsom DDT, bly eller redan kända cancerorsaker som as-
best, radon och tobak. Till detta kommer så de ärftliga faktorerna.
Vissa former av cancer bedöms ha ökat oberoende av en högre medel-
livslängd, exempelvis hudcancer och lungcancer. En del cancerformer
som magtarmcancer och livmoderhalscancer har dock minskat[67], fig 44.

För att vi som enskilda individer ska kunna minska risken för att
drabbas av "välfärdens sjukdomar" bör vi enligt forskarna ändra våra
levnadsvanor till de "bättre". En sådan ändring är emellertid inte alltid
enkel, då vi ständigt matas med nya och ibland motstridiga hälso-

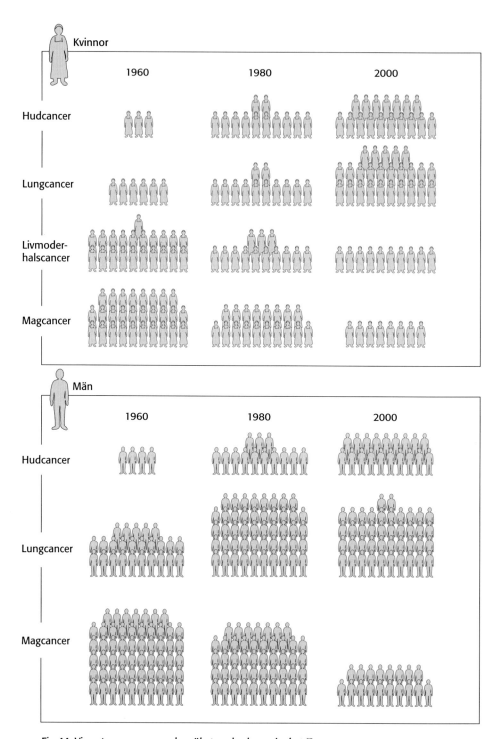

Fig 44 Vissa typer av cancer har ökat andra har minskat.[67]

rekommendationer. För att inte tala om larmrapporter om giftiga ämnen i vår föda som ibland gör att människor känner sig i högsta grad osäkra om det finns någonting alls som man vågar äta.

Hälsoprofeter av olika slag har förmodligen alltid funnits och redan i den medeltida klostermedicinen kan utläsas att man ofta använde orden förebygga och motverka, vilket visar att man var klar över att det var bättre att förebygga än att behandla[68].

Även om vi på grund av rädsla för att drabbas av cancer eller hjärtinfarkt har lyssnat till kostråd och larmrapporter och förändrat våra kostvanor, så har konsumtionen av läsk och godis fördubblats de senaste tio åren[69]. Idag uppgår sockerintaget till 41 kg per person och år[70]. Det gör att övervikt bland framförallt unga blir vanligare, vilket man befarar kan leda till ökad förekomst av diabetes och då särskilt åldersdiabetes som kan drabba allt yngre individer[71].

Goda matvanor grundläggs i barndomen. Om resurser att ge den grunden inte finns i hemmet, så har ju ändå samhället möjlighet att ta sitt ansvar. Bra skolluncher, som får kosta, skulle kunna ge barn åtminstone en bra måltid per dag. En skollunch som smakar gott och som barn blir sugna på att äta. För vad är vitsen med att servera näringsriktig mat som barnen äter minimalt av eller inte alls, vilket leder till att de på raster istället äter sig mätta på chips, godis och läsk.

Under många år har halten av det onda kolesterolet, som anses vara en markör för åderförkalkning, diskuterats. För att sänka halten av det onda kolesterolet i blodet rekommenderas vi att äta lågkalorimat, lättprodukter, bröd, frukt och grönsaker med mycket fibrer, produkter märkta med ett nyckelhål och att undvika mättat fett. Under de senaste årtiondet har antalet som dör, men också antalet som insjuknar i hjärt-kärlsjukdomar, framförallt i åldern 65–69 år, minskat med 20%. Detta beror bland annat på ändrade levnadsvanor och förbättrad sjukvård[72].

De senaste åren har mer extrema restriktioner framlagts, vilka i princip ber oss att avstå från de vanligaste av våra livsmedel som spannmål och mejeriprodukter. Även magra mejeriprodukter tycks ha nackdelar.

För att motverka åderförkalkning, högt blodtryck, diabetes och övervikt borde vi inrikta oss på att äta kött, fisk, skaldjur, frukt, grönsaker och nötter.[73]

Åderförkalkning – inget modernt fenomen

Buljongen från soppan sipprade ner längs med den högra mungipan. Han kände det inte själv men de som satt runt honom såg det och gav honom en trasa att torka sig med. Mungipan var orörlig när han gapade, och när han stängde munnen såg man att den hängde nedåt. Högerhänt som han var, var han ovan att äta med vänster hand. Det mesta av soppan rann av skeden innan han fick den till munnen. Högerarmen, som numera var lam och obrukbar, hade han liggande i knät när han åt men annars hade han den uppbunden. Flydda var hans ungdomsår och sedan flera år tillbaka var kroppen värkbruten och till råga på allt hade han nu blivit halvsidigt förlamad. Allt måste han ha hjälp med, att klä sig, resa sig ur sängen och ta sig till avträdet. Det värsta var att han kände sig så beroende. Det kändes svårt att bli gammal men han var glad att hans gumma var pigg och kry, utan henne hade han inte klarat sig.

Barnbarnen var till stor glädje. Ofta kom de och hälsade på och trots att han numera sluddrade ville de höra honom berätta om när han i sin ungdom varit ute i strid. Det minsta barnbarnet, som var en pojke, ville sitta i knät och när han berättat färdigt fick han böja huvudet ner så att den lille kunde känna på de två jacken efter svärdshuggen som farfadern hade, fig 45.

Den ovan beskrivne mannen var en av de Åhusbor hos vilka åderförkalkning påträffats. Slutsatsen att han varit halvsidigt förlamad, bygger

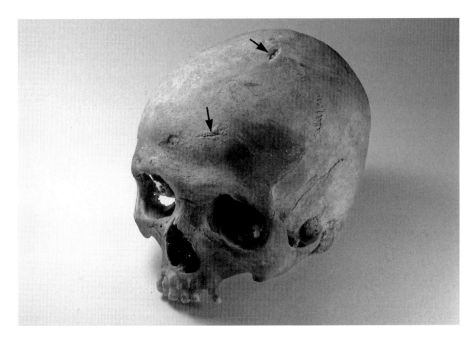

Fig 45 Strider i unga år har satt sina spår.

på att han hade stora mängder tandsten på tänderna i den högra käken, fig 46. På grund av förlamningen kunde tungan inte föra bort matrester som fastnade på tänderna i den delen av käken. Fenomenet med ensidig massiv tandstensbildning har jag tidigare noterat hos ett drygt 20-tal individer i medeltida skelettmaterial från Lund och Helsingborg[74]. Att förlamning är orsaken till ensidig tandstenpålagring har jag under lång tid varit klar över. Det är emellertid först nu, med fyndet av åderförkalkning, som ett samband kan konstateras. Den åderförkalkning, från ett

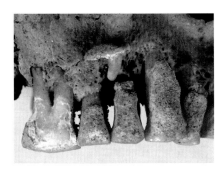

Fig 46 Massiv täckande tandsten endast på tänderna i höger käke, vittnar om en halvsidig förlamning.

av hjärnans blodkärl, som påträffats hos mannen kan mycket väl vara den bakomliggande orsaken till en propp i hjärnan.

Att påträffa åderförkalkning i ett skelettmaterial är i allra högsta grad ovanligt eftersom förkalkningarna är sköra och man förväntar sig inte att de ska vara bevarade. I egyptiska mumier[75] har enstaka fall noterats. Från arkeologiska material finns det ett tidigare exempel från Sverige i en grav från järnåldern[76]. Två stora rörliknande bildningar har påträffats i bröstkorgen, formationer som bedömts vara resterna av en förkalkning i ett blodkärl. Åderförkalkning från hjärnans kärl har dock inte tidigare observerats.

Upptäckten av åderförkalkningar från en av hjärnans artärer hos åtta individer i Åhus är därför unikt. Anledningen till att de bevarats är med största sannolikhet att de legat relativt skyddade inne i kraniet. Dessutom har varsamheten i hanteringen av kranierna vid utgrävningen varit helt avgörande. Försiktighetsåtgärderna innebar att kranierna togs tillvara med all den jord och sand som de fyllts med under århundraden i graven. Den första åderförkalkningen påträffades av en slump när ett av kranierna tömdes på sand, fig 47. Som en liten intorkad ljusbrun makaron låg förkalkningen där på toppen av sandhögen. Tack vare tips från en kollega i arkeobotanik och konsultation hos en neurokirurg kunde det fastställas att det rörde sig om en åderförkalkning[77]. Dimensionen på rörformationen och formen på kröken passar in på ett område i en av hjärnans artärer, fig 48. Genomgång av samtliga välbevarade kranier som innehöll en del sand resulterade i att ytterligare sju förkalkningar av mer eller mindre samma storlek påträffades, fig 49. Antalet individer med förkalkningar kan dock ha varit många fler, eftersom långtifrån alla kranier var hela. Dessutom kan omfattande förkalkningar ha funnits i andra kärl utanför kraniet, i till exempel hjärtregionen men dessa har inte bevarats. Minst 14% av de Åhusbor som överlevt en ålder av 40 år var således drabbade av åderförkalkning, vilket visar att det kan ha varit utbrett i befolkningen. Jag har inte funnit någon studie som visar hur vanligt det är med åderförkalkning i denna

Fig 47 I skydd av sand och skallben har denna lilla rörformade åderförkalkning bevarats.

del av artären idag. Det är däremot rimligt att anta att frekvensen idag är högre än på medeltiden eftersom gruppen äldre än 60 år är så mycket större. Fem av de drabbade är män och tre är kvinnor och eftersom antalet undersökta män är dubbelt så många, är förändringen lika vanlig hos båda könen. En kemisk analys av en av förkalkningarna visade att den till 72% bestod av kalcium[78]. För att ta reda på övriga beståndsdelar, löstes kalciumet upp och kvar fanns den mumifierade blodkärlsväggen[79].

Att medeltidens Åhusbor hade åderförkalkning i den omfattningen, innebär att de precis som idag löpte risk att drabbas av propp i hjärnan och hjärnblödning. De kan också haft åderförkalkning i kroppens an-

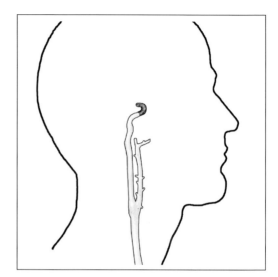

Fig 48 Från denna region av ett av hjärnans kärl carotis sifonen härrör åderförkalkningarna.

Fig 49 Fyra av de bäst bevarade åderförkalkningarna.

dra kärl i till exempel hjärtat och därmed varit utsatta för risken att få hjärtinfarkt. Idag vet man att det finns vissa faktorer som ökar risken för att drabbas av åderförkalkning. Orsaker som anses ha ett starkt samband är högt blodtryck, diabetes, arv och på grund av matvanor ett högt värde av det onda kolesterolet. Andra faktorer är rökning och övervikt. Män löper också en större risk att drabbas än kvinnor.[80]

Vilka kan då orsakerna vara till att den medeltida människan ådrog sig det, som vi i allra högsta grad betraktar som en sjukdom som kommer av livet i ett välfärdssamhälle?

Rökning kan inte vara en riskfaktor för den medeltida människan, eftersom tobak kom till Europa först i samband med Columbus återfärd från Amerika. Vad gäller högt blodtryck är det tveksamt om man kunde överleva tillräckligt länge att det åstadkom skador i blodkärlens väggar. Diabetes i den form som drabbar äldre individer, det vill säga typ 2, kan man ha överlevt så länge att det haft en inverkan. Diabetes ger bland annat förändringar i fettomsättningen. Det finns också en möjlighet att dessa åtta individer var släkt och bar på ett ärftligt anlag för att drabbas av åderförkalkning. Fem av de drabbade är begravda ganska nära varandra. Kanske kommer det i framtiden att finnas metoder som gör det möjligt att säga om, och i så fall hur, dessa individer är släkt, och därmed klarlägga om åderförkalkningarna beror på en ärftlig faktor. Arv utgör idag emellertid en liten riskfaktor, endast 0,2%.

De riskfaktorer som förmodligen är de mest troliga för den medeltida människan är kostens sammansättning samt att de uppnått en hög ålder, det vill säga de faktorer som i allra högsta grad är kopplade till välfärd. Den medeltida kosten bestod av bröd och gröt gjorda av olika sädesslag, ganska stora mängder kött, ost, rovor, bär och frukter men däremot inte mejeriprodukter eller socker i den omfattning som vi intar idag. Det fett som konsumerades i det medeltida samhället var både mättat fett från kött och ister samt fleromättat fett från fisk. Tillgången på färska grönsaker och färsk frukt var begränsad till vissa delar av året.

Beträffande ålder har fyra individer med åderförkalkning bedömts ha avlidit i en ålder av 40–60 år och tre var äldre än 60 år. Med tanke på att det finns svårigheter med åldersbedömningarna av vuxna äldre individer, är det möjligt att de var ännu äldre. Idag är det mycket ovanligt att se så här omfattande förkalkningar, från den del av blodkärlet som här diskuterats, hos individer yngre än 60 år[81]. Förmodligen var förhållandena desamma i medeltid, vilket gör det ännu mer troligt att de drabbade var äldre än vad de osteologiska analyserna kan påvisa. Förutom att de var drabbade av åderförkalkning har tre av dem haft ledförslitningar. En av dem, den beskrivne mannen ovan, hade spår efter deltagande i strid. Tre av dem hade råkat ut för benbrott, en av kvinnorna hade haft njursten.

Vilka var det då som ådrog sig åderförkalkning? Om vi antar att kosten haft betydelse, kan det betyda att åderförkalkning drabbat folk som hade ett överflöd av mat eller också var den medeltida kostens sammansättningen generellt sett en riskfaktor. Om orsaken till åderförkalkningarna var hög ålder betyder det, att de som hade det bättre ställt också blev äldre. Eftersom vi antar att en del som fick sin grav på konventens eller klostrens kyrkogårdar hade köpt sin plats kan vi förmoda att det var många som hade haft det gott ställt. Beträffande andra sjukdomar som är relaterade till hög ålder, till exempel artros, finns det dock ingen skillnad i förekomst hos de som var gravlagda på dominikanernas kyrkogård jämfört med de som var begravda på en sockenkyrkogård i Lund. Kan några av de gravlagda ha varit dominikanerbröder? Dominikanerna är som tidigare nämnts en tiggarorden som levde på allmosor. Dessutom skulle de fasta under långa perioder. I vissa skriftliga uppgifter, från de senare perioderna av medeltiden, har dock bröderna kritiserats för att leva i överflöd[17].

Dagens cancerformer i medeltidens samhälle

Ett dovt smack och ämbaret slog mot brunnens blanka vattenspegel. Lite mer rep och kärlet lade sig på sidan, fylldes med vatten och var redo att hissas upp. Hon vevade och vevade, plötsligt kände hon återigen smärtan i höften och den strålade ut mot ryggen. Den sista tiden hade hon varit svagare än vanligt. Maten smakade inte och hon hade magrat mycket. Den gnagande värken lämnade henne inte någon ro, varken dag eller natt. Något var fel, hon kände det på sig. Det hade börjat med att hon en dag såg en blodfläck på klänningen och när hon skulle byta om upptäckte hon ett större sår på sidan av bröstet. Huden kring såret var alldeles skrumpen, som ett insekts-stunget äpple. Den senaste veckan hade hon också haft svårt med andningen. Hon fyllde en skopa med vatten och tog sig en klunk, det släckte törsten så här i sommarvärmen. En känsla av matthet fyllde henne och hon måste sätta sig ner.

En av kvinnorna i Åhus har på sitt bäcken och nedre delen av ryggens kotor spår efter cancer, fig 50. Flera former av cancer kan, om de inte upptäcks i tid, leda till att de sprids till skelettet. De cancrar som oftast ger dottersvulster i skelettet är bröstcancer, prostatacancer, lungcancer och njurcancer[63]. För den medeltida människan fanns ingen behandling

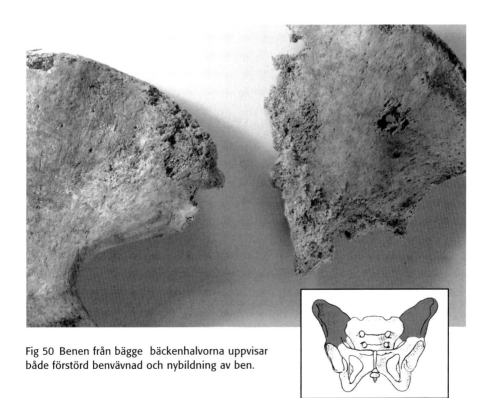

Fig 50 Benen från bägge bäckenhalvorna uppvisar både förstörd benvävnad och nybildning av ben.

att tillgå och av de som levde tillräckligt länge med sin sjukdom drabbades troligen många av en spridning till skelettet, vilket så här 750 år senare i bästa fall kan diagnosticeras. De olika typerna av cancer åstadkommer varierande förändringar i skelettet. Antingen förstörs skelettet genom att tumörvävnad ersätter benvävnad så att skelettet blir svagt, vilket kan leda till att man lätt får benbrott, eller så sker en onormal nybildning av ben som bland annat kan liknas vid svampaktigt ben. I vissa sammanhang uppstår båda förändringarna.[63]

Kvinnan som beskrivits har förmodligen varit drabbad av bröstcancer. Förändringarna på skelettet uppvisar både förstört ben men också nybildat ben. Förändringarna ses på bäckenet, korsbenet och de nedersta ländkotorna. Inte mindre än 84% av all obehandlad bröstcancer eller cancer som inte upptäcks i tid resulterar i en spridning till skelettet[82]. Förutom den beskrivna kvinnan ovan, uppvisar ytterligare en kvinna spridning av cancer till skelettet. Även i detta fall kan modertumören ha varit bröstcancer. Graven var tyvärr störd av en senare begravning och endast delar av skallen återstår. Förändringarna har i detta fall lett till nedbrytning av skallbenet, fig 51. Spridningen av cancer till skelettet ger framförallt värk och svåra smärtor. Idag finns läkemedel för den som drabbas men under medeltiden fanns inte smärtlindrande medicin motsvarande dagens. Bland de medeltida Åhusborna förekom också vad vi kallar godartade former av bentumörer, vilka kunde ge lokala besvär men inte var livshotande.

Hur vanligt var då cancer i det medeltida samhället jämfört med idag? I ett skelettmaterial kan endast skelettcancer eller cancerformer som sprids till skelettet påvisas. Det är viktigt att komma ihåg att många skelett är endast delvis bevarade, vilket påverkar möjligheten att observera cancer. Därför är det svårt att säga något om förekomsten av de olika typerna av cancer i det medeltida samhället. Elakartade primära skelettumörer är mycket sällsynta även idag och är därmed ytterligt svåra att påvisa i så små skelettmaterial som osteologer har tillgång till. Enstaka fall har dock konstaterats i förhistoriska och medeltida

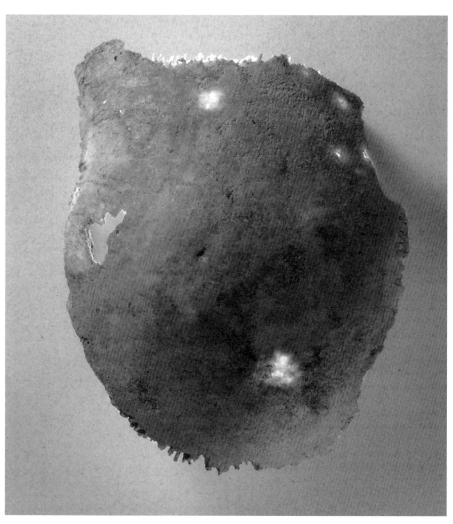

Fig 51 Stora delar av skallens ben, i
detta fall vänster hjässben, har
pressats undan av mjukdelstumör-
vävnad.

Detaljbilden visar hur tumörvävnaden
angriper skallbenet från insidan.

skelettmaterial. De cancerformer som idag är vanligast förekommande är bröst- och prostatacancer och det är också dessa former som oftast sprids till skelettet. Av kvinnor som idag dör i vuxen ålder är det drygt 3% där bröstcancer anges som dödsorsak[67]. Många av de som får bröstcancer är över 65 år men mer än en tredjedel är yngre. Om vi antar att förhållandet var detsamma under medeltid kan vi förvänta oss att finna en eventuellt två av de 53 vuxna kvinnorna i Åhus skulle vara drabbade, vilket faktiskt också är fallet.

För männens del är det den typ av cancer som idag är vanligast, nämligen prostatacancer, som man kan förvänta sig att finna spår efter bland männen i Åhus. Svårigheten är dock att det är en cancerform som i högre grad än andra cancrar drabbar äldre individer. Denna åldersgrupp är dock mindre i det medeltida samhället jämfört med idag. Ungefär 4% av de män som avlider efter 45 år drabbas och dör i prostatacancer.[67] En undersökning 1992 visade att trefjärdedelar av dessa män var 75 år. I dagens samhälle blir inte mindre än 53% äldre än 75 år[26]. Om vi antar att förhållandena i medeltid motsvarar de på 1600-talet var det endast 15% som blev äldre än 75 år[34]. Vi kan därför knappast förvänta oss att finna att någon av männen i Åhus skulle vara drabbad av prostatacancer. Något fall har heller inte noterats. Bland de medeltida Lundaborna, ett material som är avsevärt mycket större än det från Åhus, har emellertid två, eventuellt tre, fall av prostatacancer påträffats. Två av dagens vanligast förekommande cancerformer var således lika frekvent förekommande i det medeltida samhället.

Cancer är som tidigare nämnts en sjukdom som de flesta av oss associerar med miljögifter. Gifter som till exempel bekämpningsmedel som används i produktion av våra livsmedel, utsläpp från industrier, avgaser från våra fortskaffningsmedel, förbränning av olika slag samt skrot och sopor, är produkter av vårt välfärdssamhälle.

Förutom för lungcancer, hudcancer och cancer i tjock- och ändtarm är det få cancerformer där den enskilda individens livsstil kan sägas påverka uppkomsten av sjukdomen. I många fall är orsakerna till de olika formerna av cancer inte känd men för vissa typer har ärftliga anlag eller hormonbalansen betydelse[67, 83].

Lungcancer orsakas ju i 9 av 10 fall av rökning[83]. Hudcancer, som har ökat under senare år, anses vara kopplat till upprepad, kortvarig och intensiv solning på "oförberedd" hud. Hudcancer har också visat sig vara vanligare hos både människor och djur som lever kring ekvatorn än i områden där solljuset inte är lika starkt. Tjock- och ändtarmscancer, men även magcancer, som minskat under senare år, har satts i samband med att vi idag äter mer varierat, mer fibrer och grönsaker och mindre saltat och rökt kött och fett. Det är det ökade intaget av C-vitamin som framförallt minskar bildningen av det cancerframkallande ämnet nitrosamin som uppstår genom en kemisk förändring av nitrat som finns i många matvaror[83].

Vad orsakade då cancer i det medeltida samhället? Miljön var långtifrån giftfri. Man vet idag att vid förbränning uppstår en rad olika cancerframkallande ämnen[84] och rök var något som den medeltida människan kom i kontakt med. Den ohälsosamma röken från öppna eldstäder i husen inandades man redan i barnaåren. Vissa vuxna utsattes även av rök på sina arbetsplatser som i till exempel kök och smedjor.

Man anser idag att det finns en viss risk att drabbas av cancer om man utsätts för upprepad exponering av bly[84]. Bly fanns i olika konstruktioner och föremål i det medeltida samhället såsom takplattor, fönsterspröjsar, varuplomber, sonder, sländtrissor, vikter, prydnadsbeslag samt i de invändigt blyglaserade kokkärlen[17].

 Maten i det medeltida samhället var av naturliga skäl enformig under vissa delar av året, speciellt i avsaknad av andra konserveringsmöjligheter än saltning, torkning och rökning av kött och fisk. Visserligen hade man, med tanke på närheten till havet, tillgång till färsk fisk och C-vitamin fick man från kålen och morötterna från kålgårdarna, men risken att man drabbats av mag-tarmcancer kan ändå ha funnits. Möjligheten att spåra detta hos medeltidens människor är dock inte så stor eftersom dessa former av cancer sällan sprider sig till skelettet.

Det är inte bara välfärdens levnadssätt och nutida miljöfaktorer som kan ge upphov till cancer. Fynden från Åhus visar att medeltidens människor kan ha löpt lika stor risk att drabbas av de idag vanligaste cancerformerna. Bilden är således mycket komplicerad.

Medeltida infektionssjukdomar
fortfarande aktuella

NIONDE KAPITLET

Alla drabbas vi då och då av en infektion om så endast snuva eller hals-ont. Majoriteten av alla infektionssjukdomar ger symtom som kroppen kan hantera och övervinna utan behandling. I en del fall resulterar till-frisknandet i ett minne, en förvärvad immunitet, som ger beredskap att möta nya angrepp av samma fiende[85]. Under historiens gång har olika farsoter slagit till med jämna mellanrum. Den senaste i raden är Aids, som sedan 1980 har lett till att 65 miljoner människor smittats och 23 miljoner dött, mer än en fjärdedel av dessa var barn[31].

Pesten, eller digerdöden som den också kallades, härjade i Europa i mitten av 1300-talet och är en av de mest omtalade farsoterna. Uppgif-terna om dess förödelse är omdiskuterade, men den förmodas ha dödat mellan 25 och 40% av Europas befolkning[86]. Pesten återkom flera gånger under de följande seklerna. I Sverige var det senaste utbrottet 1710–11.

Osteologiskt kan pesten inte beläggas eftersom sjukdomen inte av-sätter några spår i skelettet. Några medeltida pestkyrkogårdar av den typ som finns från pesten på 1700–talet, då pestens offer lades på an-nan plats än på den ordinarie kyrkogården, har heller inte påträffats. Ofta talas det om att pestens härjningar resulterade i massgravar. Några sådana har mig veterligen inte kunnat beläggas från medeltid, i alla fall inte i Norden. En massgrav är en plats där liken av ett stort an-tal människor begravts samtidigt[31]. Exempel på massgravar från medel-tid är Korsbetningen, där de som dog i slaget vid Visby 1361 begrovs. En stor del av Gotlands män föll då för den danske kungen Valdemar Atterdags här[87]. En annan massgrav är den ganska nyupptäckta graven i Uppsala, där de som dog i striden mellan svenska och danska trupper långfredagen den 6 april år 1520 är begravda[88]. Massgravar har således uppkommit då antalet döda var många, då det inte fanns anhöriga som kunde ta hand om de avlidna, eller när de döda inte var identifierbara. Under pesten 1710–1711, då särskilda gravplatser inrättades, blev de döda omsorgsfullt gravlagda. För två år sedan gjordes en undersökning av en pestkyrkogård i Olofström från tiden 1710–1711. Samtliga gravlagda var prydligt nedlagda, de flesta låg i enkelgravar, men 20% låg i dubbelgravar. Det förekom även enstaka trippelgravar.[89]

Tuberkulos är en av människans äldsta följeslagare. Under tusentals år har den troligen orsakat mer död och kroniskt lidande än någon annan sjukdom[85]. Trots att man i årtionden haft tillgång till behandling har sjukdomen fortfarande ett starkt grepp om mänskligheten[90]. Varje år insjuknar omkring 8 miljoner människor i tuberkulos och därav dör 3 miljoner[91]. Idag finns dessutom ett förändrat hot, nämligen spridningen av resistent tbc vilken inte går att bota[92]. I Sverige registreras över 600 nya fall av tuberkulos varje år. Två tredjedelar av dessa ses hos våra invandrare, i vilkas hemländer sjukdomen är vanlig än idag[93].

Tuberkulos var och är en utpräglad fattigdomssjukdom. Den ökade inflyttningen till de större städerna på 1600- och 1700-talen resulterade i trångboddhet och försämrad bostadshygien[94]. Sjukdomen blev då mer utbredd och spreds till alla samhällsgrupper, den "hemsökte bokstavligt talat såväl slott som koja". I mitten av 1800-talet fick sjukdomen ett så starkt grepp om befolkningen att "de styrande såg den som en farsot som tärde som ett sår på samhällskroppen". Den kunde helt enkelt bli ett hot mot nationen och man uppförde därför sanatorier i slutet av 1890-talet. Dessa byggdes i natursköna trakter. Ren luft, stillhet, vila och närande mat ansågs vara värdefullt för tillfrisknandet.[95] En rad olika förändringar och upptäckter under de följande årtiondena som; förbättrad levnadsstandard, upptäckten av tuberkelbacillen 1882, röntgenstrålarna 1895, BCG-vaccinet 1927 och mjölkpastörisering 1939, bidrog till minskad spridning samt att patienten tidigt kom under behandling[96]. År 1947 kom så de första medicinerna och den tuberkulossjuke kunde bli botad utan de svåra biverkningar som tidigare behandlingsmetoder gav[97]. "Gasning" som var en av dessa behandlingsmetoder innebar att luft fördes in mellan lungsäcksbladen så att lungan kunde sjunka ihop och vila. Den sjuka härden förlorade då möjligheten att utvecklas. Biverkningarna av denna behandling var att lungan efteråt ofta fick en begränsad kapacitet.

BCG-vaccinering upphörde i Sverige i början av 1970-talet eftersom antalet nyinsjuknade kraftigt hade minskat och risken för spridning bedömdes som liten. BCG-vaccinering ger inget 100% skydd, däremot finns det biverkningar med vaccinering av små barn. Under olyckliga omständigheter kan vaccineringen resultera i tuberkulos i skelettet, då i form av benröta.

Lepra, eller spetälska som är den benämning som de flesta av oss känner till, är liksom tuberkulosen ett av mänsklighetens äldsta plågoris. Lepra är inte en dödlig sjukdom men lemlästar och vanställer en människas utseende intill oigenkännlighet. De flesta av oss tänker på Bibeln och Jesus när vi hör ordet lepra och få av oss känner till att sjukdomen fortfarande är utbredd över stora delar av jordklotet. Trots intensiva medicinska insatser har sjukdomen ännu inte kunnat utrotas. Det är inte heller många som vet att lepra förekom i Norden redan 400–500 e.Kr.[98] och att den blev ett allvarligt problem i det medeltida samhället. Från mitten av 1100-talet blev sjukdomen så allmänt utbredd att särskilda leprahospital med tillhörande kyrkogårdar inrättades där de leprasjuka togs in och levde resten av sitt liv. I Norden fanns under medeltiden inte mindre än 55 leprahospital[99]. Hälften av dem tillkom under 1200-talet, när lepra förmodligen var som mest utbredd. En del av dem grundades ganska sent, då sjukdomen var på tillbakagång. Flera övergick till att bli vanliga hospital eller helgeandshus, de senare var vårdinrättningar för fattiga och behövande samt gamla och sjuka, ibland även härbärgen för pilgrimer.

I vårt grannland Norge var lepra vanligt förekommande på 1700- och 1800-talen och det var också en norrman, Amauer Hansen, som till slut upptäckte leprabakterien 1873[100]. Det skulle dock dröja till efter andra världskriget innan ett botemedel upptäcktes. Ännu på 1930-talet förekom fall av lepra i Sverige och vårt sista leprasjukhus låg i Järvsö och stängdes så sent som 1943[100]. Trots att man nu i mer än 50 år har behandlat och botat spetälska, smittas och insjuknar årligen omkring 800 000 människor runt om i världen. Framförallt är det länder som Indien, Indonesien, Nepal, Angola, Moçambique och Brasilien som är svårt drabbade.[101]

År 1493 återkom Columbus från sin upptäcktsfärd västerut. Kort därefter dök en tidigare icke noterad sjukdom upp i Europa, franska sjukan, spanska kopporna eller syfilis, som är den vanligaste benämningen på sjukdomen. Var sjukdomen har sitt ursprung är omtvistat. Tre teorier har framförts. Den första bygger på att Columbus män hade sjukdomen med sig från Amerika[102], den andra att sjukdomen fanns i Europa innan kontakten med nya världen men att man först på 1500-talet kunde skilja på syfilis och lepra[103] och den tredje att sjukdomen uppstod ungefär samtidigt på båda kontinenterna[104]. De för syfilis typiska och helt otvetydiga förändringarna som kan ses på kraniet, har inte påträffats i skelettmaterial daterade till tiden före 1492, varken i Amerika eller i Europa. I England har under de senaste åren ett par fall av trolig syfilis presenterats, vilka man påstår daterar sig till tiden före Columbus återfärd från Amerika. De dateringar som anges, 1240–1538 respektive 1317–1539, är dock inte tillräckligt snäva för att säkerställa att sjukdomen fanns där före 1492[105].

I material från det medeltida Lund finns flera skelett med typiska syfilitiska förändringar[25, 106]. Någon närmare datering av dem annat än till tidsperioden 1300–1536 finns för närvarande inte, men samtliga gravar är bland de senast begravda på kyrkogården. Inom ett år kommer en del av dem att dateras med ^{14}C metoden, vilket förhoppningsvis bidrar till ett klarläggande av sjukdomens historia. Teorin att det var först på 1500-talet som man kunde skilja på syfilis och lepra är svår att tro på. I så fall borde flera av de hundratals skelett med lepraförändringar som påträffats på leprakyrkogårdar i Skåne, och framförallt från leprahospitalet i Naestved, uppvisa syfilitiska förändringar.

Syfilis, som orsakas av en bakterie, upptäcktes 1905 av tyskarna Schaudinn och Hoffmann. Sjukdomen är numera ovanlig i Sverige. Omkring 100 fall registreras per år och många av de som drabbas har blivit smittade utomlands[107]. Syfilis smittar framför allt genom sexuell kontakt men kan även smitta från mor till foster via moderkakan under graviditet. Standardbehandlingen var under flera århundraden en kvicksilverkur, med tiden i kombination med jodkalium. Den så kallade gråsalvan bestod av en blandning av metalliskt kvicksilver, ullfett, bensoe-ister och talg[108]. Det första läkemedlet som visade sig ha mycket god effekt vid syfilis var salvarsan, ett arsenikpreparat, vilket användes fram till 1940-talet, då penicillinet infördes och syfilis kunde botas.

Trots att bakteriedödande mediciner funnits i över 50 år orsakas fortfarande en fjärdedel av alla dödsfall i världen av infektioner och 80% av de som dör är barn[109]. De flesta infektioner har ett snabbt förlopp och endast i en del fall blir infektionerna långvariga. Det är de långvariga kroniska, tillstånden som avsätter spår i skelett och tänder och som är möjliga för osteologen att observera.

Svårspårad förödande farsot

Det var augusti. Det hade regnat i flera veckor men de senaste dagarna hade solen strålat och den leriga sörjan på gatorna hade torkat in. Pesten eller svarta döden som den också kallades, hade kommit till Åhus. En större familjesammankomst bidrog till en snabb smittspridning av sjukdomen. Under några veckors tid drabbades en del familjer svårt. I den familj som ordnat släktträffen fick sjukdomen förödande konsekvenser. Snart insjuknade och dog två av barnen med några dagars mellanrum. Även en kusin till barnen drabbades. Det var med stor sorg i hjärtat som två bröder gemensamt gick för att beställa kistor till sina barn. Vid gravsättningen grävde död-

grävaren, av praktiska skäl, en gemensam grop för barnen och de tre
små kistorna ställdes bredvid varandra.

Att ge de små kusinerna, som så ofta lekt tillsammans, en gemen-
sam grav tedde sig helt naturligt och gav också föräldrarna en käns-
lomässig trygghet.

En sådan situation som beskrivits ovan kan mycket väl ha föranlett att
tre barn i Åhus lagts i samma grav. Den mest troliga orsaken till uppkom-
sten av dubbel- och trippelgravar är förmodligen att individer har dött
samtidigt och att de gravlagda är släkt med varandra. Förutom trippel-
graven innehöll fyra av de tio dubbelgravarna på kyrkogården i Åhus
barn. Som tidigare nämnts låg två av barnen dessutom i samma kista.

Denna typ av gravar är en indikation på att en epidemi drabbat be-
folkningen. På en av de stora medeltida kyrkogårdarna i Lund, från
tidsperioden 1300–1536, finns flera sådana gravar framför allt med
barn[16]. Kanske är de spår efter digerdöden. Vi vet dock inte i hur hög
grad pesten drabbade Lund. En annan indikation är att dödligheten
bland individer i åldrarna 7–19 år är nästan dubbelt så stor i förhål-
lande till antalet vuxna under perioden 1300–1536 jämfört med före
1300[25]. Det tycks emellertid som om de ordinarie kyrkogårdarna haft

tillräckligt med utrymme för att även ta emot pestens offer. Ingenstans i Norden har särskilda medeltida pestkyrkogårdar påträffats. En uppfattning om hur pesten kunde drabba en by får vi genom att studera kyrkoböcker från den danska byn Sørbymagle Kirkerup under en 40 års period från 1646–1688[34]. Under dessa år varierade antalet döda från 2 till som mest 25 med ett genomsnitt på 12 individer, förutom peståret 1656 då så många som 84 personer avled. Majoriteten av de som dog var under 20 år, fig 52[34].

Sjukdomsförloppet var snabbt. Bland de som strök med dog de flesta inom två till tre dagar efter insjuknandet. De första fallen noterades i januari månad det året, 4 st, och kulmen nåddes under årets varmare månader juni och juli, då sammanlagt 49 individer drabbades med dödlig utgång, fig 52[34].

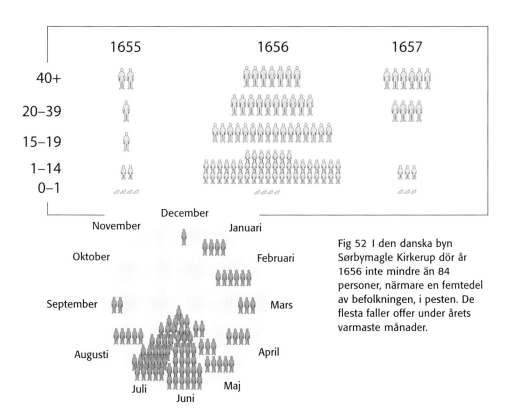

Fig 52 I den danska byn Sørbymagle Kirkerup dör år 1656 inte mindre än 84 personer, närmare en femtedel av befolkningen, i pesten. De flesta faller offer under årets varmaste månader.

Tbc – åter på frammarsch

Det hade börjat med torrhosta som varade hela våren. Under sommaren blev det bättre och han återhämtade krafterna men när höstmörkret svepte in över Åhus och fukten och kylan letade sig in i alla vrår, blev hostan ånyo en plåga. Vissa dagar var den så svår att han fick andnöd och en tyngd lade sig över bröstet. Den ständigt återkommande smärtan och det eviga hostandet gjorde honom matt. Han satt mest på trappan till huset och tittade på när fartygen kom in från havet. Bara han blev av med hostan och fick aptiten åter skulle han följa med ett av handelsskeppen. Nu kände han sig visserligen lite bättre, han hostade inte så ofta, men istället hade en molande känsla uppstått i högra knät. Knät var kallt och gick inte att stödja på. Så småningom blev det så illa att han måste hasa sig fram på kryckor. Ofta gick tankarna till modern som dog för en tid sedan, varm och rund så ville han minnas henne. Men ibland så kom de upp, även om han försökte förtränga dem, minnesbilder från hennes sista levnadsdagar. Hälsan hade vacklat, hon hostade ofta upp ljusrött blod och precis som han, kände hon av ett ständigt tryck mot bröstet. De runda kinderna blev urgröpta och den närmast genomskinliga kroppen skakade nästan sönder av de häftiga hostattackerna. Sakta tynade hon bort, lungsoten hade tagit henne, sade man.

En förkalkning från ena lungsäcken och en helt förstörd knäled vittnar om att den ovan beskrivna mannen med stor sannolikhet, under flera år, varit drabbad av tuberkulos. Förkalkningen i den ena lungan har uppstått i samband med att lungtuberkulosen har läkt ut, fig 53.

Det annars så släta benet i knäleden är taggigt och förstört och visar tecken på en långvarig infektion, fig 53.

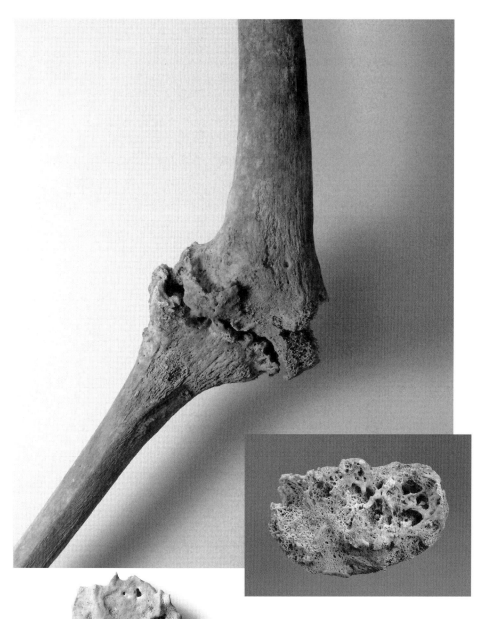

Fig 53 Det av tuberkulos förstörda knät har blivit obrukbart. Infälld bild visar ena ytan i detalj.

Till vänster ses en förkalkning som vittnar om att mannen haft en utläkt lungtuberkulos.

Knäleden har varit obrukbar i flera år, vilket lett till att underbenets muskulatur förtvinat och själva benet har blivit smalare. Vi vet inte hur hans rygg såg ut eftersom kotorna inte var bevarade. De mest karakteristiska skelettförändringarna vid tuberkulos är annars kollaps av flera av ryggens kotor och att puckelrygg, en så kallad Potts puckel, uppstår.

Med stor sannolikhet har mannen smittats av någon som levt i hans absoluta närvaro, huruvida han dött i sjukdomen är inte möjligt att svara på. Innan det fanns medicin mot tuberkulos fick omkring 5–7% av de som insjuknade skelettförändringar, endast i 1–4% var ryggen drabbad.

Tuberkulos orsakas av tuberkelbacillen och smittan sprids vanligen genom upphostningar. Sjukdomen angriper främst lungorna men kan sprida sig till andra organ via blodet[110]. Hur länge tuberkulos varit ett gissel för Nordens folk är inte känt. Det tidigaste fallet av Potts puckel i Sverige kommer från Lund och är från tiden 1050–1100[25]. En kvinna, som dog redan i 20–23 års ålder, hade en puckel i ryggen, i höjd med tredje- till sjunde bröstkotan. Från det tidigmedeltida Helsingborg finns ett annat exempel på ett sorgligt livsöde. Det var ett barn som dog vid omkring 7 års ålder och vars hela ryggrad drabbats, även här med en puckel som följd. Graven har dateras till 1000–1200[25].

Spetälsk och stympad

De kom haltande längs den lilla bygatan, han på kryckor och hon med en hasande gång. De var far och dotter. Något arbete hade han inte och eftersom han var fattig vände han sig därför till tiggarbröderna för att få hjälp. Mot dagligt arbete i örtagården fick han mat och kläder. Sedan flera år tillbaka hade han märkt att känseln i fötterna var dålig och gång på gång ådrog han sig sår som var svårläkta. Nu haltade han fram på kryckor med en högerfot som var

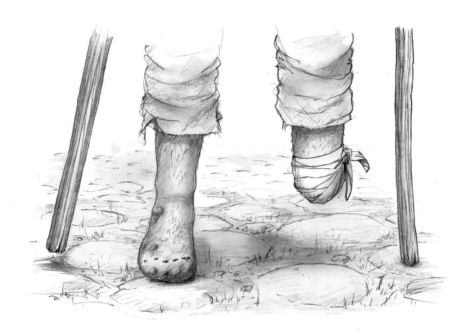

så sårig att den knappt gick att stödja på. Tårna hade förtvinat och foten var mer som en oformlig klump med små nagelrester på. Han hade bara denna eländiga fot nu sedan man varit tvungen att ta bort den vänstra. Amputationen hade gått bra, stumpen hade läkt väl. Så illa däran som den foten hade varit, så var det bättre att vara utan den. Benstumpen var inlindad i trasor med små tygkuddar som stöd. Tyvärr hade dottern redan i ganska unga år drabbats av samma åkomma som fadern. Hon hade det ännu värre, både händer och fötter var vanställda. Händernas fingrar var böjda som klor och hon hade svårt att gripa om saker. Fötterna var som såriga klumpar, det var omöjligt att finna några skor som passade.

Lepra, var den sjukdom som de ovan beskrivna Åhusborna varit drabbade av. Sjukdomen orsakas av en bakterie, vilken då som nu spreds från människa till människa, förmodligen via luftvägarna. Förändringar som påträffas i skelettmaterial har visat att båda de idag kända formerna av lepra, tuberkuloid respektive lepromatös form, var närvarande hos människor i det medeltida samhället. Tuberkuloid lepra är den lindriga formen av sjukdomen medan lepromatös är allvarligare och också mer smittsam[111]. Vilken form av sjukdomen man drabbas av beror på den smittade personens immunförsvar mot sjukdomen. Av de som smittas är det endast 5% som utvecklar sjukdomen[111]. Inkubationstiden är lång, mellan 2 och 10 år. Lepra är ingen dödlig sjukdom men har i alla tider lett till att de drabbade stötts ut ur samhället.

Lepra ger framförallt förändringar i hud och ytliga nerver. Skador på nervtrådar leder till oförmåga att känna smärta, tryck, beröring, kyla eller värme, vilket gör att de leprasjuka inte märker när de skär eller bränner sig. I skadorna följer infektioner, ledskador och lemlästning[112]. Benen i händer och fötter kan förtvina så att endast klumpar med små nagelrester återstår[113]. Det som generationers skolbarn fått lära sig, nämligen att sjuka fingrar och tår faller av, är däremot helt felaktigt.

Lepromatös lepra ger i första hand skelettförändringar i mun och näsregionen och först i senare stadier drabbas händer och fötter. Mannen i den ovan gjorda beskrivningen hade som nämnts, grava deformeringar av benen i höger fot och den vänstra har amputerats, fig 54 och 55.

Amputationen har med stor sannolikhet skett på grund av att foten var allvarligt infekterad och inflammerad. På händerna ses inga typiska

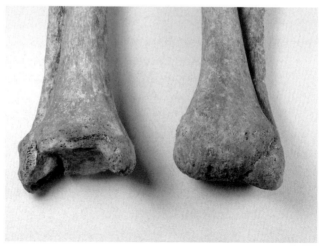

Fig 54 Den av lepra förstörda vänsterfoten var tvungen att amputeras vid vristen (benet till höger i bilden).

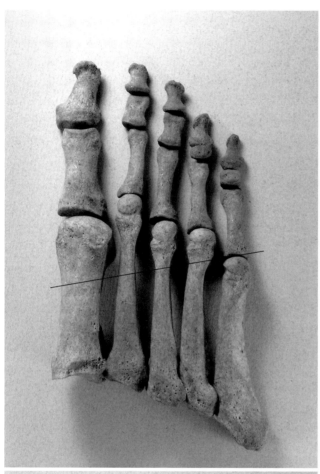

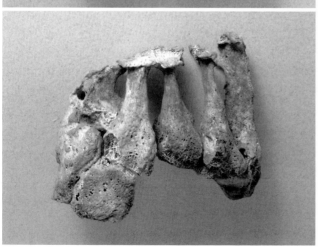

Fig 55 Övre bilden, en frisk fot med alla tårna i behåll. Undre bilden, den beskrivne mannens fot där nästan alla tårnas ben har förtvinat. Linjen markerar hur stor del av fotens ben som återstår.

lepraförändringar. Mannen har trots sin sjukdom fått ett långt liv, han var vid sin död över 60 år. Den lepradrabbade kvinnan har däremot inte blivit så gammal. Hon dog i 30 års åldern och hade redan då allvarliga förändringar som vanställt både händer och fötter.

Ingen av dem bär några spår av lepra i ansiktsskelettet, vilket innebär att de förmodligen haft den tuberkuloida och mindre smittsamma formen av sjukdomen.

Lepra drabbar framförallt de som lever i fattigdom, är undernärda och bor trångt under dåliga hygieniska förhållanden[112]. I det medeltida Lund begrovs, före spetälskehospitalets uppkomst, de lepradrabbade i kyrkogårdens ytterområden. Med stor sannolikhet har detta inte med ett tidigt urskiljande av de leprasjuka att göra, utan beror snarare på att den fattigare delen av befolkningen hade sina gravplatser i detta område.[16, 25]

Varför ligger då dessa två lepradrabbade begravda på dominikanernas kyrkogård och inte på den till leprahospitalets hörande kyrkogården, väster om Åhus. Leprahospitalet och dess gravplats var i funktion mellan 1252 och 1549, det vill säga i stort sett samtidigt med dominikanernas kyrkogård. En förklaring kan vara att sjukdomen var på tillbakagång, att bestämmelserna om isolering hade luckrats upp. En studie av en engelsk hospitalskyrkogård har visat på en förändring av lepran över tid. De tidigast begravda har i högre utsträckning varit drabbade av lepromatös lepra medan den tuberkuloida formen dominerade bland de senast begravda[114].

Orsaken till sjukdomens tillbakagång är inte klarlagd. En av teorierna är att pesten slog hårt mot och decimerade antalet leprasjuka[115]. Andra menar att ökning av tuberkulos, som är en sjukdom som också orsakas av en bakterie, skulle ha gett ett visst immunförsvar mot lepra[114]. Att isoleringen på hospital skulle ha haft någon inverkan för minskningen är inte troligt, eftersom de förändringar som leder till upptäckten av sjukdomen kommer så sent att den leprasjuke då redan hunnit smitta människor i sin omgivning.

Könssjukdom före Aids

Efter flera år som legoknekt i den franske kungen Karl VIII armé var han glad över att ha återvänt hem till Åhus "oskadd". De senaste veckorna hade han tillbringat i Köln, där han varit en flitig besökare på de allmänna badstugorna och träffat många vackra flickor. En tid efter hemkomsten upptäckte han en morgon ett litet sår på penis och en svullnad i höger ljumske. Tankarna for genom huvudet, en av flickorna han träffat hade haft ett sår i pannan. Han hade inte sett det till en början, då hennes mörklockiga lugg dolde det väl. Han hade hört att det fanns något som kallades Franska sjukan som florerade i flera av Europas städer. Sjukdomen var ohygglig och de behandlingar som stod till buds var minst sagt obehagliga.

Såret försvann dock efter en månad och därmed också hans oro. Efter ytterligare ett par månader fick han feber och hela kroppen översållades av små rodnade fläckar och i munnen på insidan av kinden hade han ännu ett sår. Även denna gång försvann fläckarna så småningom och såret i munnen läkte. Tiden gick och varken fläckarna eller såren såg ut att återkomma.

Så en dag flera år senare, när han tog sig i pannan upptäckte han till sin förskräckelse en mjuk, seg förhöjning. Hans hand gled genom håret och mitt på huvudet kände han ytterligare en klibbig fläck. Såren blev större och illaluktande gulgrönt var rann ur dem. Efter en tid uppstod även sår på baksidan av underarmarna och på ovansidan av smalbenen. Han såg sig nu nödgad att yppa sina bekymmer för en av stadens läkekunniga, som gav honom den beprövade gråsalvan gjord på kvicksilver att smörja med. En salva som vanligen användes mot skabb.

Han var bland de senast begravda på denna del av kyrkogården. På kraniet, i pannan och på hjässan, har skrovliga gropar observerats. Ytan på benen i underarmarna, händerna, smalbenen och fötterna är skrovlig och uppblåst, fig 56.

Sannolikt har dessa förändringar uppstått på grund av syfilis i tredje stadiet. I skelettmaterial från det senmedeltida Åhus har endast detta fall av misstänkt syfilis påträffats. Mannen, som vid sin död var omkring 25–35 år, har sannolikt drabbats av sjukdomen 10–15 år före sin död. De små skrovliga groparna på kraniets utsida ser ut att vara läkta men sjukdomen kan ändå vara orsaken till hans död.

Syfilis uppträder i tre olika stadier. De två första går under benämningen tidig syfilis och omfattar de första åren av infektionen, då sjukdomen är som mest smittsam. Hud och slemhinnor men även inre organ drabbas. Håravfall, huvudvärk, ledvärk och svullna lymfkörtlar är några av besvären. När sjukdomen når det tredje stadiet är smittorisken lägre eller obefintlig och det är i detta stadium som skelettet drabbas. Vid syfilis är det framförallt ben som ligger nära huden som skallens ben, nyckelbenen, armbågsbenen, sken- och vadbenen som förändras men även andra ben kan drabbas[110].

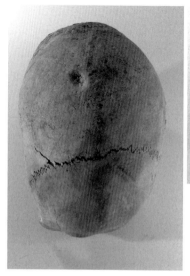
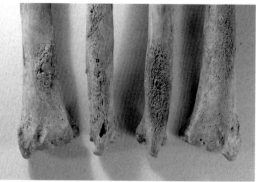

Fig 56 En skrovlig grund fördjupning på hjässbenet och nybildning av ben på underarmarna respektive skenbenen talar för att mannen hade syfilis.

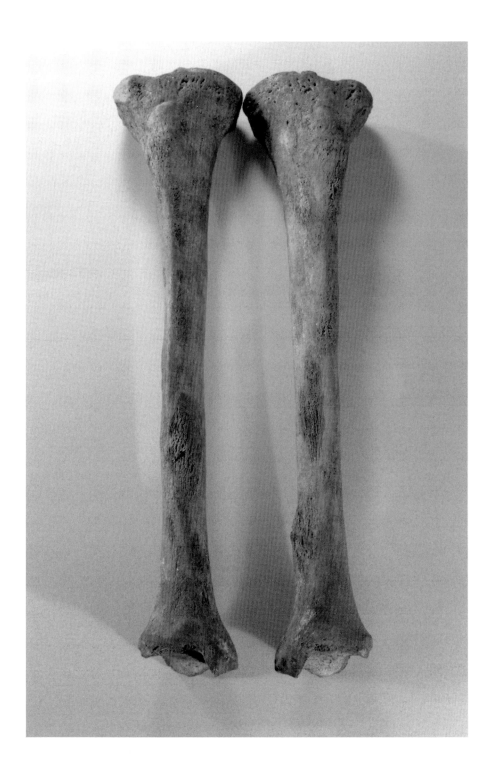

Att syfilis fanns i Norden under senmedeltid finns det, som tidigare nämnts, belägg för från flera kyrkogårdar, bland annat i Lund[25, 106]. De flesta har syfilis som de ådragit sig i vuxen ålder, men från Lund finns det även exempel på att barn smittats. Det rör sig då om smitta som överförts från mor till barn redan i fosterstadiet. Ännu idag testas gravida kvinnor för syfilis. Några av de syfilisdrabbade lundaborna har förmodligen varit folk från högre samhällsklasser, eftersom de haft sina gravplatser inne i kyrkan. Det antas att sjukdomen till en början fanns främst bland medborgare från de högre samhällsklasserna[116]. I de medeltida städerna var sjukdomen vanligt förekommande och bidrog till att den ganska snart spreds till alla samhällsklasser och utgjorde ett hot mot samhället. "Franska sjukan" var en fruktad sjukdom. Spridningen skedde bland annat på de offentliga badhusen, vilket ledde till att dessa stängde. Från det medeltida Malmö finns uppgifter om att de prostituerade var hänvisade till att bo i vissa kvarter och att de skulle bära en till hälften svart och till hälften röd huva[16].

Obehandlad syfilis kan leda till döden. Den ger framförallt allvarliga skador på hjärta och hjärna i form av hjärtsvikt och hjärnblödning[110]. Före aids var syfilis den könssjukdom som orsakade störst dödlighet.

Olyckor och stridigheter

TIONDE KAPITLET

Byggnadsplatsernas oskyddade arbetsmiljöer, isiga vintergator, öppna brunnar och gropar, utgjorde möjliga olycksmiljöer i det medeltida samhället. Skador i samband med slagsmål och överfall har säkerligen också förekommit men dessa kan sällan urskiljas från de skador som uppkommit i samband med olyckor. Långa, djupa, knivskarpa snitt i skallben, på armar och ben vittnar om inblandning i strid där svärd varit ett vanligt vapen.

Ofta har frakturer och ibland även skador förorsakade av vapen läkt väl och utan påföljande infektioner. Frakturer har behandlats genom spjälning, en behandlingsmetod som är känd från Egypten redan 2700 f.Kr.[30] Även om ben i vissa fall läkt med felställning förefaller det som om man oftast lyckats riktigt bra att behålla benet i någorlunda rätt anatomisk ställning. Frakturer på de större benen visar sig ha varit problematiska. Benändarna på frakturerna har ofta läkts omlott, vilket kan ha berott på att muskelkraften i dessa ben är stor. Under senare delen av medeltiden har man förmodligen även i Norden nåtts av kunskapen om hur man kunde räta ut frakturer på lår- och skenben genom att benet lades i sträck. En metod som utvecklades på 1300-talet av fransmannen Guy de Chauliac[30].

Ett exempel på avancerad medeltida kirurgi finns från Varnhems kloster i Västergötland. Där påträffades 1928 en kopparplåt lindad kring ett överarmsben, fig 57[117]. Det finns flera förslag på orsaker till behandlingen men fraktur har ansetts som den mest troliga. Frakturen kan ha uppstått genom ett hugg på överarmen som skadat benet, inte så att det helt gått av men blivit instabilt. Genom huggskadan har ett öp-

pet sår uppstått. Plåten har förts in i såret och placerats direkt runt benet för att hålla benbitarna på plats. Att man har använt en plåt av nästan ren koppar tyder på att man måste ha känt till metallens egenskap att dämpa inflammation. Under alla omständigheter är ingrepp i överarmen svårt även för dagens kirurger eftersom man kan skada nerver och blodkärl. Allt tyder på att skadan läkt väl men naturligtvis vet vi inte hur mannens arm har fungerat efter ingreppet.[117]

Precis som idag drabbades under medeltid individer i alla åldersgrupper av skador i samband med olyckor. Glädjande nog är det förhållandevis få barn som verkar ha drabbats.

Dödande hugg

Hästen, hjälmen och skölden hade han förlorat, han var i stor fara. Den vänstra underarmen och handen hade träffats av svärdshugg. Huggen hade satt djupa jack i både armen och handen, det blödde ymnigt. Plötsligt kände han att någon var honom i hasorna, en häst frustade och någon riktade sitt svärd till ett hugg mot hans huvud.

Han föll handlöst till marken. Mannen på hästen vände sig om och såg att den slagne reste sig på knä med huvudet böjt något bakåt. Mannen vände hästen och svingade svärdet på nytt. Det träffade mitt på vänster öra och den skadade förde sin redan sargade och blodiga hand till huvudet. Mannen på hästen lyfte åter sitt svärd och träffade nu med väldig styrka strax ovanför pannan och den slagne föll till synes livlös till marken. Han var en av kungens mest betydande män, han måste helt enkelt tillintetgöras. Mannen steg av hästen, lyfte svärdet och riktade det mot den slagnes hals. Först ett slag och så ett till, nu var han helt säkert död.

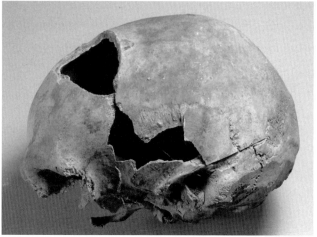

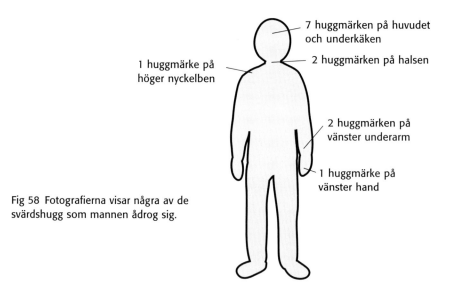

7 huggmärken på huvudet
och underkäken

1 huggmärke på
höger nyckelben

2 huggmärken på halsen

2 huggmärken på
vänster underarm

1 huggmärke på
vänster hand

Fig 58 Fotografierna visar några av de
svärdshugg som mannen ådrog sig.

En av männen i Åhus har skador, som han kan ha ådragit sig vid en
händelse som beskrivs ovan. Han var vid sin död omkring 35 år gam-
mal och de skador han tillfogats har uppkommit genom svärdshugg,
fig 58. Skadorna mot huvudet och halsen har varit direkt dödande.

Det är tydligt att flera av de vuxna männen i Åhus deltagit i strider.
Två män ser ut att ha varit i stridsluften vid minst ett par tillfällen med
någon månads mellanrum. En av männen har i den första striden fått

ett stick framifrån genom bröstet och höger skulderblad och ett slag på bakre delen av höger arm, båda troligen från ett svärd. Hugget mot överarmen har inte haft sådan kraft att benet har gått av men det har allvarligt skadat den stora överarmsmuskeln och åstadkommit ett jack i benet. Runt båda dessa skelettskador finns nybildat ben, vilket är ett tecken på att läkning påbörjats. Andra gången han gav sig ut i strid hade han inte turen med sig. Han drabbades av två hugg mot huvudet, varav det ena var direkt dödande.

Den andra mannen fick vid första stridstillfället en skada i höger underarm, strax ovan handleden, fig 59. Läkning påbörjades men efter 7–8 veckor har han gett sig tillbaka ut i strid och ådragit sig nya hugg, nu på högra benet där knäskålen kluvits vertikalt. Utsidan av vadbenet fick också två hugg. Även dessa skador överlevde han. Vad som förmodligen har orsakat hans död är de efterföljande infektionerna som uppkommit i knä- och handleden. Den uppruggade benytan i knäleden

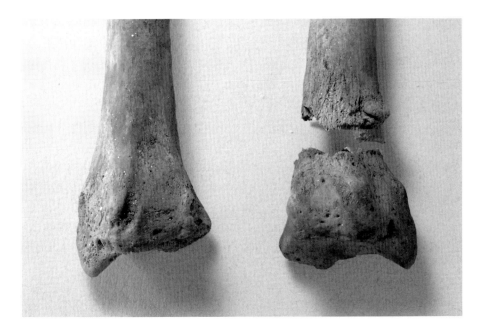

Fig 59 Huggskada med påbörjad läkning.

uppvisar ingen nybildning av ben, vilket kan förklaras av att han dött av allmän blodförgiftning efter 1–2 veckor, fig 60.

Av skelettmaterialet att döma har minst sju män deltagit i strid vid ett eller flera tillfällen. De fyra som stupade var alla unga, mellan 25–30 år medan de som överlevt var äldre. Två av männen hade klarat livhanken trots rejäla hugg mot huvudet. Enligt en neuroradiolog har skadorna inte givit männen några hjärnskador, möjligen kan de ha fått epilepsi. Det är mycket möjligt att de sju männen var med i samma stridigheter. När det skedde kan inte fastställas men enligt historiska uppgifter var staden Åhus inblandad i stridigheter vid upprepade tillfällen. De

Fig 60 En infektion i knäleden har orsakats av ett hugg genom höger knäskål. Vänster knäskål är oskadd (den till höger i bild).

kan till exempel ha varit med i den häftiga maktstrid som på 1260 talet utbröt mellan kungen och ärkebiskopen. I samband därmed ska bland annat borgen i Åhus ha förstörts år 1262. Många tros ha förlorat sina liv och ett ännu större antal ha sårats[119]. Eller ådrog de sig kanske sina skador i samband med den svenske kungen Karl Knutssons härjningståg till Skåne 1452. Kungen intog inte Åhus men vid utgrävningar i ruinerna av borgen påträffats stenkulor, liknande de som användes i Karl Knutssons "kärrebyssor".[119]

Enkla benbrott behandlades framgångsrikt

Dominikanernas kyrka ska repareras och han tillhör männen i byggnadshyttan. Det är tidigt på morgonen och dimman ligger tät, hela natten har ett kraftigt regn fallit och byggnadsställningarna är våta och hala. Idag ska han mura. Han ropar till en av männen på marken att det är dags att hissa upp bruket. Träspannen, som är fylld till brädden, är tung och han böjer sig fram för att lyfta den över kanten. Plötsligt glider högra benet bakåt, han tappar fotfästet och faller. Som tur är hamnar han delvis med kroppen i det stora buskaget nedanför. Den högra knät träffar marken. Han känner en brännande smärta och det svartnar för ögonen. Kamraterna skyndar dit och drar fram honom, han har grova rivmärken efter buskarna och blöder ymnigt. När de flyttar honom kommer han till sans och stönar och de ser att högra benet är krökt. Med hjälp av en bår bär man honom till S:t Annas hospital där han kan få vård. På hospitalet har man sedan en tid tillbaka använt sig av sträckbehandling för att även svåra lårbensbrott skall läka utan att göra personen alltför låghalt. Med hjälp av tyngder lade man benet i sträck och det läkte väl även om benet blev något kortare.

Denna typ av olyckshändelse kan ha föranlett det benbrott som en av männen ifrån Åhus drabbats av, fig 61. Med enstaka undantag har Åhusborna ådragit sig sina skador när de ramlat. Brott på nyckelben, underarmens eller handens ben har uppstått när de i fallet tagit emot med handen. Några har typiska vridskador på underbenen. Kanske har de fastnat med foten i en grop och i försök att komma loss vridit benet. Så här 750 år senare är det i de flesta fall omöjligt att säga när i livet personen skadat sig. Frakturer i barndomen leder ofta till att benet inte går av helt utan bryts som en mjuk kvist och lämnar därför inte alltid bestående spår. Ett lårbensbrott konstaterades dock hos ett av Åhusbarnen. Frakturen ledde till en böjning och en liten förkortning av benet, fig 62. Kvinnorna har i lika hög grad som männen råkat ut för frakturer, men endast männen bär spår efter skador uppkomna i strid, fig 63.

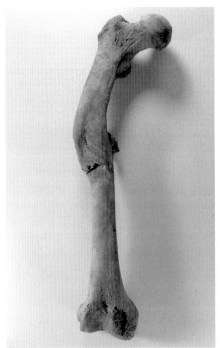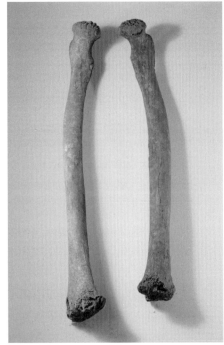

Fig 61 Även svåra benbrott läkte, dock med en viss felställning.

Fig 62 En fraktur i tidig barndom läker bra, dock med liten förkortning av benet.

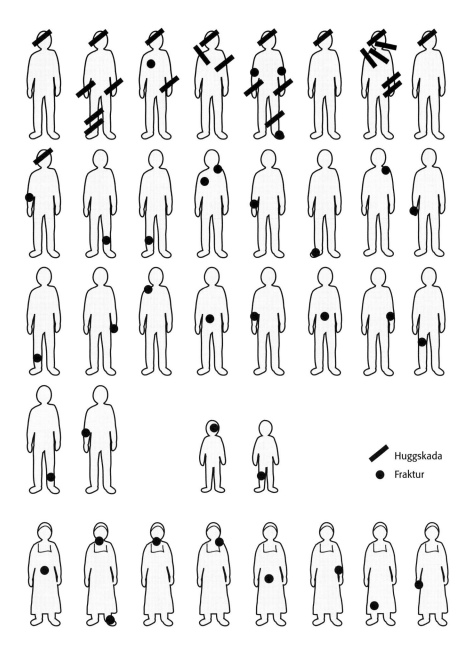

Fig 63 Skador i strid, i det flesta fall orsakade av svärd samt frakturer och skador uppkomna vid olyckor.

De idag vanligt förekommande frakturerna orsakade av benskörhet, som fraktur på lårbenshals, handleden och bröstryggen, var inte Åhusborna särskilt drabbade av. Endast en av kvinnorna i Åhus uppvisar en hopsjunken och kollapsad rygg. Flera av dem har emellertid lätta och urkalkade skelett men har ändå klarat sig utan frakturer. Att frakturer uppkomna på grund av benskörhet förekom i det medeltida samhället har dock studier från Lund kunnat visa. Hos kvinnorna i Lund utgjordes en femtedel av skadorna av handledsfrakturer, det tidigaste tecknet på benskörhet[25]. Frakturer på lårbenshals och kotkompression i ryggen observerades också.

Idag är benskörhet och därpå följande problem i form av ett ökat antal frakturer, främst kopplat till att allt fler i befolkningen blir allt äldre. En bidragande orsak är också att vi för en mer stillasittande daglig tillvaro.

Mätningar av bentätheten används för att påvisa benskörhet. Intressant är att undersökningar av medeltidsmänniskors skelett visar att bentätheten både hos män och kvinnor var lägre då än nu[120].

När olyckan var framme

Att leka kurragömma var det roligaste de tre syskonen visste. Lillebror hade nu blivit så stor att han förstod att stå kvar på sitt gömställe och syskonen lät honom därför vara med. Var skulle lillebror gömma sig? Bakom dörren var den första plats de skulle leta på, det visste han. Hos hästen var nog ett bra ställe, dit fick han egentligen inte gå eftersom han kunde bli sparkad. Regeln till stalldörren satt högt, han fick stå på tå för att nå upp. Han smög sig försiktigt in så hästen inte skulle märka honom. Syskonen letade, var kunde lillebror vara? Plötsligt såg de att dörren till stallet var öppen. Hade han gått dit fast han inte fick? De sprang in och ropade. Han tittade fram

där han satt på huk bakom hästen. Hästen blev skrämd, sparkade till och lillebror flög iväg som en vante. Han landade så olyckligt att han slog munnen mot stentröskeln. Blodet rann, det gjorde ont och han började ropa på mor. Syskonen skyndade fram och bar in honom till huset. Läppen hade fått en spricka men det slutade snart att blöda. Värre var det med två av framtänderna, de hade tryckts upp i överkäken. Efter några veckor hade de annars vita tänderna fått en blågrå färg men satt fortfarande kvar. Ett par år senare lossnade mjölktänderna och de permanenta bröt fram. På en av framtänderna fanns jack, som hade uppstått då mjölktändernas rötter pressats mot emaljen på de nya som höll på att bildas.

På ett liknande sätt kan pojken från Åhus ha ådragit sig sin skada, fig 64. Vi har få exempel på skadade, avslagna eller utslagna framtänder hos människor från medeltidens samhälle. En så markant skada som vi ser hos den här pojken är sällsynt förekommande i arkeologiskt material. Jag har tidigare aldrig observerat något liknande, trots studier av åtskilliga tusen skelett, och enligt tandläkare är denna typ av skada ovanlig även idag. Säkerligen har även barn i det medeltida samhället slagit i och ut sina tänder, både mjölktänderna och de permanenta. När ett barn slår i sina mjölktänder leder det dock inte alltid till att de permanenta anlaget skadas. Det är inte heller så att tanden blir missfärgad eller faller ut, vilket gör det svårt att få ett grepp om hur vanligt det var i medeltid. Den missfärgning som kan uppstå när man drabbas av en skada på en tand kommer av en blödning i tandrotens inre och det är möjligt att en sådan missfärgning försvinner efter ett antal hundra år i jorden. Skador i form av små jack i kanten på både framtänder och kindtänder eller att ett hörn bryts av på en mycket hårt nedsliten kindtand förekommer däremot ofta. Sammanlagt tre Åhusbor, två barn och en vuxen har mer märkbara skador på sina framtänder. I det beskrivna

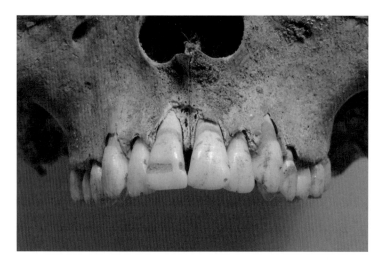

Fig 64 En olycka i tidig barndom gav ett bestående märke.

fallet var det en skada mot en mjölktand som i sin tur gav skador på den permanenta tanden. I de andra två fallen var det de permanenta tänderna som drabbats direkt.

Gick ögat förlorat?

Familjen skulle ha en stor fest och även långväga gäster skulle komma. En gris hade slaktats och stora köttbitar med mycket svål grillades över den öppna elden. Det fräste när det smälta fettet träffade de brinnande vedträna. Mannen i familjen tog ner ett av grillspetten och kände på köttet med ett lång stekspett, en röd vätska sipprade ut, det var inte färdigt ännu. Sonen i familjen var glad över att träffa sina kusiner och tog dem till ruinerna efter ett av de större husen i staden. Huset hade nyligen brunnit. Överallt låg bränd lera och till hälften uppbrunna trärester. En av pojkarna tog upp en brädbit i vars ände en sotig märla stack ut. Den här skulle man kunna ha som svärd tänkte han och fäktade med den i luften. I samma stund brakade det till under hans fötter, golvplankorna gav vika och han föll framåt. Det brände till i ögat och han föll avsvimmad till marken. Kusinen som hade sett vad som hänt sprang efter hjälp. När pappan kom, fann han sonen liggande på sidan med träbiten med märlan sittande kvar i ögat. Det blödde inte så mycket men det såg otäckt ut. Den måste ut, pappan tog ett djupt andetag och drog till. Pojken kom till sans och gnydde. Lite ljusröd vätska rann ur såret. Hur illa ställt det var med ögat visste man inte. Pojken hade haft tur i oturen, märlan hade inte trängt in i hjärnan och skadan läkte utan tecken på infektion. Några veckor senare var såret på ögonlocket läkt, men han kunde inte lyfta det ordentligt. Ögats rörlighet var också begränsad och han skelade kraftigt.

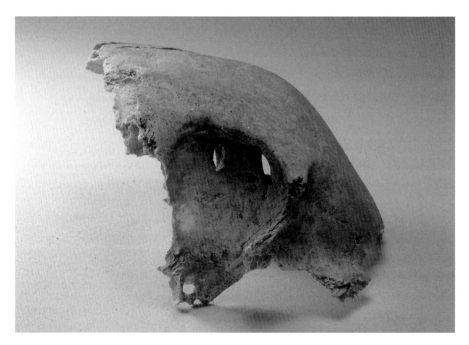

Fig 65 Ett stick av ett vasst föremål med två piggar, troligtvis en märla.

Kanske var det en liknande händelse som ledde till uppkomsten av två ovala håligheterna i vänster öga hos en pojke i det medeltida Åhus, fig 65. Håligheterna har uppstått då ett föremål med två spetsiga piggar träffat ögat. Exakt vilket föremål det rör sig om kan inte fastställas men avståndet mellan hålen i benet i ögonhålans tak är 10–12 millimeter och passar in på avståndet mellan piggarna på en märla. Märlor användes i medeltid bland annat för att foga samman till exempel träkistor eller andra större träkonstruktioner.

Skadan har läkt väl utan några tecken på infektion. Pojken, som vid sin död var i en ålder av 12–14 år, kan mycket väl ha ådragit sig skadan redan flera år innan han dog. Huruvida han förlorat sitt öga eller ej beror på hur det vassa föremålet träffat. Om det träffat ögat snett underifrån kan ögat ha klarat sig om ögonlocket hunnit stängas. Det vassa föremålet har då bara tryckt undan själva ögat in i dess hålrum. Har det däremot kommit från en annan riktning kan ögat ha gått förlorat.

Medeltida livsöden vittnar om livskraft

Det var en liten tunn gestalt som smög runt husknuten, hon hade varit ute på avträdet. De små, tunna läderskorna var slitna men fortfarande hela. Smal hade hon blivit den senaste tiden och den bruna yllekjolen var hårt åtsnörd i midjan. En ljusgrå slöja täckte de tidigare djupt blå ögonen och hennes syn var inte riktigt vad den varit. När hon skrattade, vilket hon ofta gjorde, såg man på tänderna att åldern satt sina spår, de var kraftigt nedslitna. Hon var en av de äldsta i Åhus nu, många av hennes jämnåriga vänner och släktingar hade gått bort. Två män hade hon överlevt och fem barn hade hon satt till världen. Hennes första äktenskap hade varit kort. Mannen, som varit fiskare, hade drunknat, när han en tidig morgon gett sig ut i stormen för att rädda sina nät. Man fann honom ett par veckor senare när han flöt iland på ett näs precis där ån rann ut. En son hade de hunnit få. I sitt andra äktenskap fick hon fyra döttrar, varav två ännu levde. De två yngsta hade de förlorat, de hade flyttat till evigheten redan under sitt första levnadsår. Sju barnbarn och till och med ett barnsbarnsbarn hade hon.

Under en stor del av sitt vuxna liv hade hon varit en av Aos jordemödrar, den duktigaste av dem sade man. Många barn hade hon hjälpt till världen, endast i ett fall hade det inte gått vägen. Värkarbetet hade avtagit och både modern och barnet hade hon förlorat. När hon så blev änka för andra gången var hennes egna barn redan vuxna och kunnig som hon var på att behandla sår och andra åkommor hade hon därför sökt sig till S:ta Annans hospital för att vara behjälplig och tjäna till uppehället. Många sjuka människor hade hon mött men själv hade hon haft turen med sig och sällan drabbats. Frisk som en nyligen knäckt hasselnötskärna sade man att hon var, alltid pigg och glad.

Hon var barnfödd i Aos, och hade levt där i hela sitt liv precis som släktingar i generationer före henne. Stadens utseende hade inte förändrats mycket under åren som gått, gatornas sträckningar var desamma. En del av de större gatorna var stensatta medan de små var av hårt trampad sandig jord. Regniga dagar kunde de bli ganska sörjiga och man fick lyfta på kjolen så den inte blev alltför kladdig. Husen låg med fasaderna längs med gatorna. Vissa hus hade små fönsteröppningar täckta av hinnor eller pergament medan andra bara hade träluckor. Finare och större hus däremot hade fönsterglas. Taken till husen var av torv eller halm. Man kunde tydligt se att grannens halmtak var nylagt till skillnad från de andras, då den gyllengula halmen lyste vackert i solen. Speciellt halmtaken tappade snabbt sin glans och blev grå- eller svartfärgade av röken från alla eldar i staden. På bakgårdarna till husen hade de allra flesta en liten kålgård och en och annan hade också ett äppelträd. Mot granntomten låg uthusen och avträdet. De mindre hushållen hade höns och en gris och på de större gårdarna fanns också kor och hästar. Gödseln från djuren, liksom träck från avträdet, blandades med halm och lastades med jämna mellanrum på kärror för att forslas ut ur staden. Dessa dagar var stanken tung och det sved i ögonen och svalget.

I hennes kvarter hade brunnsvattnet börjat smaka illa på sista tiden och en ny brunn hade därför börjat grävas. Den gamla var träskodd men den nya skulle man kosta på att sko med sten. I varje kvarter fanns gemensamma brunnar, endast de större hushållen hade egen brunn inne på gården. Fortfarande orkade hon hämta det dagliga dricksvattnet, men när tvätt skulle blötläggas brukade grannfrun hjälpa till. Ibland kom barnbarnen och hjälpte henne att köra tvätten på en kärra ner till ån.

Plötsligt öppnades en fönsterlucka i huset mittemot, ett huvud stack ut och i nästa stund sköljde en hink tvättvatten ut på gatan.

Föräldrahemmet, som var ett klinehus, låg vid en av de mindre bygatorna ganska nära ån. I detta hade hon bott både med sina föräldrar men också med sin egen familj hela livet, hennes fyra yngre systrar hade allihop gift sig och flyttat till sina respektive män. Hennes hem var enkelt och bestod av ett större och ett mindre rum. I det lilla rummet stod några träsängar längs väggarna och mot väggen som vätte ut mot gatan stod två kistor med kläde. I det stora rummet fanns också sängar, några bänkar och ett stort bord. I ett av hörnen stod ett skåp med karotter, tallrikar och skedar. I det andra hörnet var eldstaden som värmde huset och tillika den plats där hon lagade maten. Som barnmorska hade hon besökt många hem, både de som hade det bättre och sämre ställt. De familjer som hade många barn bodde ofta trångt, ibland sov inte mindre än fyra barn skavföttes i samma säng.

Precis som när hon var barn hördes dova, jämna och välbekanta slag dagarna i ända. Det var slagen från smidesverkstäderna. Smederna höll till i kvarteren strax nordöst om Mariakyrkan. Förutom smeder fanns här många olika sorters hantverkare och det som inte tillverkades i Åhus kunde man införskaffa från köpmän som kom från när och fjärran till marknaden i staden.

Hon satte sig på tröskeln till huset, det var skönt att vila benen. En stor råtta kilade över gatan. En dörr till ett av husen längre uppåt gatan slogs hastigt upp och några skrattande barn sprang ut. En ung svartbroder som just passerade var nära att få dörren på sig men lyckades i sista stund hoppa åt sidan. Svartbröderna, som dominikanerna kallades på grund av den svarta kappan de bar, var ofta synliga på gatorna i Åhus. Deras konvent, en stor byggnad i tegel med tillhörande kyrkogård, låg nästan ända nere vid ån. På deras kyrkogård skulle hon ha sin grav, så var det bestämt. Där låg de små som de mist så tidigt och hennes siste man.

En vacker och välbekant klang hördes över staden, det var
konventets kyrkklocka som ringde. Även den lilla gummans sol hade
nu gått i moln. Ända in i det sista hade hon varit klar och redig och
trots sin höga ålder skött sig helt själv. Med gråvit knut i nacken och
något böjd rygg låg hon där i sängen men snart skulle hon bäras till
sin sista viloplats.

Med hjälp av skelettet från en av de äldsta kvinnorna i det undersökta ma-
terialet har denna fiktiva berättelse, den sista i denna bok, tillkommit. Det
är då dags att summera vad denna studie givit oss för kunskap om livs-
villkoren i det medeltida samhället. Den har visat oss att den tidens möjlig-
heter att förebygga och bota sjukdom var med våra mått mätt synnerligen
begränsade, vilket gjorde att många miste livet redan som barn. Dödlighe-
ten bland barn var i många fall lika hög i medeltid som under 1600–1700-
talen. En så hög dödlighet har naturligtvis påverkat enskilda individer men
också samhället som helhet. I var och varannan familj har sorgen över att
ha mist ett barn funnits, något som för de allra flesta av oss idag är helt
främmande. Även om många miste livet redan som barn var det dock en
hel del, och långt fler än vad som tidigare observerats, som fick ett långt liv
och hann uppleva både barnens och barnbarnens uppväxt. Studier av en
kyrkbok från 1600-talet, det vill säga en tid nära medeltiden, men även
uppgifter från 1700–1800-talen har visat att i motsats till vad som oftast
antas, innebar barnafödande långtifrån alltid en risk för kvinnan att dö i
förtid. Dödlighet i barnsäng var inte den vanligaste dödsorsaken för kvin-
nor. Uppgifter talar snarare för att en hel del av de som födde många barn
blev riktigt gamla.

Människorna som den här boken handlar om har av olika anledning
haft sin gravplats på dominikanernas kyrkogård i Åhus. När det vid
den arkeologiska undersökningen uppdagades, att det bland de 249
gravlagda fanns både män, kvinnor och barn stod det klart att kyrko-
gården inte enbart varit avsedd för svartbröderna själva. Andelen män

var dock mer än dubbelt så stor som andelen kvinnor och en hel del av de gravlagda var säkerligen dominikanerbröder. Vi vet att det under hög- och senmedeltid blev, i den mån det var möjligt, allt vanligare att man begrovs på kyrkogårdar hörande till kloster eller konvent. Man kan förmoda att en del av dem som begrovs hos svartbröderna hade det bättre ställt och att de genom donation till bröderna köpt sig en gravplats. Varken de arkeologiska eller osteologiska resultaten kan dock ge besked om hur stor del de utgjorde. Bortsett från enstaka sjukdomar som åderförkalkning och gikt, vilkas förekomst i detta material förmodligen beror på goda bevaringsförhållanden, så var Åhusbornas hälsa varken sämre eller bättre än den generella medeltida stadsbons. Det finns därför goda skäl att anta att de gravlagda var människor ur alla samhällsskikt.

Avsaknaden av antibiotika och vaccin gjorde att infektionssjukdomar, precis som i u-länder idag, hade ofta dödlig utgång i det medeltida samhället. Majoriteten av infektionssjukdomarna har så snabbt förlopp att det inte avsätter spår i skelettet och kan därför inte beläggas osteologiskt. Gravar innehållande flera kistor indikerar dock att sjukdomar som lett till att flera personer dött samtidigt har drabbat befolkningen och pesten är den mest kända av alla. De omtalade massgravarna som pestepidemin sägs har orsakat lyser dock med sin frånvaro här i Norden. Spetälska, som idag är en sjukdom som drabbar fattigt folk i u-länder, var mycket vanlig i Norden under medeltid. Någon kännedom om att sjukdomen smittade hade man inte, men den leprasjukes vanställda kropp skrämde och de leprasjuka fick leva i livslång isolering på särskilda leprahospital och all kontakt med nära anhöriga och vänner bröts. De leprasjuka begrovs också på en kyrkogård hörande till hospitalet. Mot slutet av medeltiden tycks dock reglerna ha luckrats upp, vilket kan vara en förklaring till att två leprasjuka gravlagts på dominikanernas kyrkogård. Även om sjukdomen är på stark tillbakagång har dock välfärdssamhällets tillgång på botemedel ännu inte lett till att sjukdomen kunnat utrotas.

Inte heller har man, trots tillgång till vaccinering och botemedel i över 50 år, kunnat eliminera den redan på medeltiden florerande sjukdomen tuberkulos. Syfilis, som i slutet av medeltiden var den vanligaste könssjukdomen, är fortfarande aktuell men till skillnad från förhållandena för dem som levde då, kan den drabbade idag bli botad innan förändringarna blir allvarliga. Fattigdom, dåliga närings- och bostadsförhållanden har bidragit till förekomst och spridning av både lepra och tuberkulos. Syfilis däremot är mer förknippat med ett vidlyftigt leverne och prostitution. Flera Åhusbor bär spår efter vad vi kallar benröta, infektioner som lett till kroniska inflammationer, tillstånd som är tecken på att individen haft en viss motståndskraft mot infektionen.

Medeltidsmänniskan var i ungefär samma utsträckning besvärad av de typer av ledbesvär som vi brottas med idag. Artros "ledförslitning", som var den vanligaste ledsjukdomen, ledde då som nu till att många blev handikappade. Under medeltiden fanns ingen möjlighet att byta ut en förstörd led och inte heller fanns den typen av medicin som hämmade inflammationen eller kunde lindra värken. För den som inte hade anförvanter kunde det vara svårt att ens utföra de vardagliga sysslorna som att klä sig och ta sig ur sängen. Ändå indikerar många fall av ledbesvär att individen levt länge med sin sjukdom.

Trots att maten i det medeltida samhället inte erbjöd sötsaker i samma utsträckning som idag, var karies relativt vanligt. Det socker man konsumerade var det som fanns i färsk eller torkad frukt och bär samt i det av honung sötade ölet. Den stora konsumtionen av öl kan för övrigt vara orsak till att vuxna var mer drabbade än barn och ungdomar. Även om man kanske då och då använde en tandpetare för att rensa bort kött som fastnat mellan tänderna så verkar munhygienen ha varit begränsad och tandköttsinflammation med påföljande tandlossning har varit ett stort problem framförallt för många äldre.

Både på arbetsplatser i och utanför hemmet skedde mindre eller större olyckor och i ett och annat fall resulterade det i en bruten arm eller ett ben. Konsten att spjäla praktiserades och de flesta armbrott läkte oftast väl. Kanske hade även metoden att lägga ett ben i sträck letat sig upp till Norden. På så sätt kunde man även få frakturer på lårben och skenben att läka utan att personen blev alltför låghalt. Det är sällan som man kan påvisa skador hos barn men bland Åhusbarnen var det tre som varit olycksdrabbade. En skadade sin mjölktand så illa att även den permanenta tanden fick ett för livet bestående märke. En annat barn har brutit lårbenet. Det tredje barnet hade änglavakt när ett vass föremål, troligtvis en märla, trängde in i ögat. Skadan i ögat läkte dock utan påföljande infektion, däremot är det oklart huruvida ögat gått förlorat eller ej.

Hemska strider, vilka i vissa fall kan uppfattas som rena avrättningar, finns det exempel på från medeltiden och flera av Åhusmännen var drabbade. En del av de sårade har dock överlevt, trots rejäla svärdshugg mot huvudet. I andra fall har dumdristiga beslut om att trots redan svåra skador åter ge sig ut i strid inneburit att personen aldrig återvände levande.

Kosttillskott såsom fiskleverolja rik på D-vitamin eller A-D droppar tycks inte den medeltida befolkningen ha varit i behov av, eftersom engelska sjukan inte varit ett problem. I alla fall har de för sjukdomen typiskt krokiga benen inte påträffats i studier av åtskilliga tusen individer från medeltida städer. Förmodligen var man tillräckligt mycket utomhus så att man genom solens inverkan bildade en buffert av D-vitamin som räckte under årets mörka månader. Även den vardagliga kosten, som bland annat bestod av fet fisk, inälvsmat och ägg, gav ett naturligt tillskott.

Att njursten eller blåssten förekom hos människor i medeltid har tidigare enstaka fall kunnat vittna om. Hur vanligt det var har vi däremot ännu ingen uppgift om. Bland Åhusborna påträffades stenar hos två kvinnor. Den ena hade 12 små stenar, vilka legat i urinblåsan. Stenarnas ämnessammansättning talar för att återupprepade urinvägsinfektioner i detta fall är en trolig orsak till deras uppkomst.

Det mest intressanta resultaten från denna undersökning är att de medeltida levnadsförhållandena gett upphov till sjukdomar, som vi idag förknippar med livet i ett välfärdssamhälle, nämligen cancer och åder-förkalkning. Att cancer förekom känner vi till från bland annat andra medeltida material. Att åderförkalkning däremot var så utbrett att minst 14%, förmodligen många fler, av de vuxna hade omfattande förkalkningar i ett av hjärnans kärl var tidigare okänt. Åderförkalkning är ju en åkomma som drabbar oss framförallt när vi blir äldre. Vi vet att våra matvanor är en starkt bidragande orsak till åderförkalkning. Den medeltida Åhusbon blev således både gammal och hade matvanor liknande våra. Ett annat tecken på att vissa hade riklig tillgång på mat och alkohol och dessutom vanor att konsumera detta i stora mängder, kanske rent av frossa, var de fall av återkommande gikt "portvinstår" som några män haft. Deras leverne har dock krävt sin tribut, då den djävulska plågan satte in någon gång fram på småtimmarna. Ytterligare en indikation på att medeltidens människor hade det bra ställt är att de var ganska långa, flera centimeter längre än på 1700- och 1800-talen.

Om vi antar att de resultat som här framkommit visar förhållandena för den medeltida levande Åhusbon i genomsnitt, så ser man framför sig en samling människor med olika livsöden. Livsöden som i många sammanhang vittnar om den variation i livskraft människor föds med oavsett vilken tid de lever i. En del hade utrustats med en stor portion livskraft och levde länge trots att de drabbades av än den ena än den andra sjukdomen. För dem gällde det uttryck som min pappas gamla morbror brukade använda "Man måste vara mycket frisk för att orka vara sjuk". Andra hade fått en mindre portion livs-kraft och strök med redan tidigt i livet. Några hade otur och omkom i olyckor eller strider. Ser vi på den samlade skaran av undersökta Åhusbor lägger man märke till att många av dem bär spår efter sjuk-dom eller skada, fig 66. En inblick i deras dagliga liv skulle också visa oss att en del hade svår värk. En handfull var av olika anledning lytta och haltade sig fram på kryckor. Hos många skulle ett skratt avslöja ett inte alltför vackert garnityr och flera skulle kunna berätta om långa perioder med tandvärk.

Samtliga

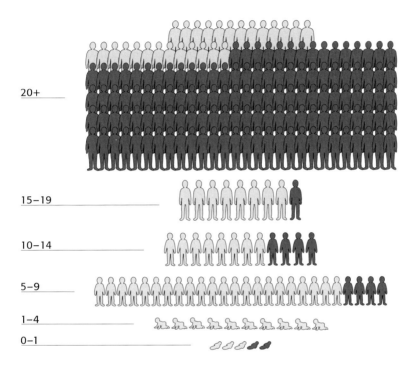

20+

15–19

10–14

5–9

1–4

0–1

Fördelning

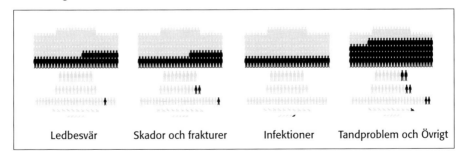

| Ledbesvär | Skador och frakturer | Infektioner | Tandproblem och Övrigt |

Fig 66 Majoriteten av de vuxna uppvisade spår efter sjukdom eller skada i skelett och tänder. En del var drabbade av flera åkommor. Som vi ser dominerar besvär i leder och olika typer av trauma.

Vad vi inte vet något om är under vilken stress som den medeltida människan levde, men vi kan anta att människor idag är mer psykiskt utslitna till skillnad från under medeltiden då man kanske blev kroppsligt förbrukad. Den medeltida människan kände naturligtvis en oro för att maten inte skulle räcka till, för sjukdomar som man inte kunde råda bot på och för att döden skulle komma medan man ännu var i sin blomning. Där fanns dock trygghet i det medeltida samhället, man bodde på samma plats hela livet, i närhet av både levande och döda släktingar. Yrkesvalet var till skillnad från idag oftast enkelt, man gick i föräldrarnas fotspår. Ett liv som för många i vårt samhälle kanske skulle tyckas trist och enformigt. Kanske hade de den trygghet som vi i vårt samhälle blir alltmer i behov av men som det finns mindre och mindre tid för att skapa. Dagens ökade välstånd och livet i ett välfärdssamhälle medför också negativa effekter som ökat tempo och vad som ibland upplevs som orimliga krav. Idag känner sig många, framförallt unga människor, rotlösa. De upplever en ovisshet inför framtiden, vilket kanske rentav orsakar större stress än den oro den medeltida människan levde med. Kanske är den största skillnaden mellan medeltidens och dagens samhälle att vi lever ett mycket mer bekvämt liv än man gjorde då.

Med följande ord om förnuftig livsföring vill jag så avsluta boken om människors levnadsförhållande i medeltidens samhälle. Det är ett P.M. nedtecknat på ett gammalt receptblock någon gång på 1940-talet av provinsialläkaren Nils Brolin i Flen.

Förnuftig livsföring

Tillräcklig nattvila

Daglig motion

Lätt kost – aldrig överfull mage

Bannlys oron

Ge inte efter för prestigesjukan

Var rädd om illusionerna både de egna och andras

Alla längta vi nog efter att bli centrum i en – liten eller stor värld – dit kommer vi endast om vi ställa oss tjänande i periferin

Slutnoter

APPENDIX

1. **Ubelaker, D. H.** 1978. Human Skeletal Remains: Excavation, Analysis, Interpretation.

2. **Krogman,W. M.** & **Iscan, M. Y.** 1986. The Human Skeleton in Forensic Medicine.

3. **Suchey, S. J. M., Brooks, T.** & **Katz, D.** 1988. Instructional materials accompanying female pubic symphyseal models of the Suchey-Brooks system.

4. **Meindl, R. S.** & **Lovejoy, C. O.** 1985. Ectocranial suture closure: A revised method for the determination of skeletal age at death based on the lateral-anterior sutures. Am. J. Phys. Anthropol. Vol. 68: s. 57–66.

5. **Barber, G., Shepstone, L.** & **Rogers, J** 1995. A Methodology for Estimation Age at Death Using Arachnoid Granulation Counts. [Abstract]. Am. J. Phys. Anthropol Supp. 20:61.

6. **Acsadi, G.** & **Nemeskéri, J.** 1970. History of Human Life Span and Mortality. **Krogman,W. M.** & **Iscan, M. Y.** 1986. The Human Skeleton in Forensic Medicine.

7. **Sjøvold, T.** 1990. Estimation of stature from long bones utilizing the line organic correlation. Human Evolution Vol.5-N.5 (431–447).

8. Foto taget av Ulf Ohlsson, medicinkliniken i Oskarshamn.

9. **Olofson, C.** 1958. Ur Åhus historia.

10. Foto taget av Helen Lilja, Regionmuseet i Kristianstad.

11. **Lilja, H., Jacobsson, B.** & **Arcini, C.** Svartbröders kyrkogård i Åhus. Arkeologisk undersökning 1996 fornlämning 23, Åhus sn, Skåne. Riksantikvarieämbetet UV-Syd Rapport 2001:31 ISSN 1104-7526, Landsantikvarien/Regionmuseet i Skåne Rapport 2001:20, ISSN 1404-0239. **Andersson, I.** 1949. Åhus historia – problem och huvudlinjer. 800 år i Åhus.

12. **Cinthio, E.** 1989. Dominikanerna. Skånska kloster – Skånes hembygdsförbunds årsbok 1987/88., **Blomqvist, R.** 1943. Danmarks första dominikankloster. Kulturens årsbok., Kulturhistoriskt lexikon för nordisk medeltid I–XXII, Köpenhamn, Helsingfors, Reykjavik, Oslo, Malmö 1956–78, **Blomkvist, N.** 1978. Kalmars uppkomst och äldsta utveckling.

13. Foto taget av Evelyn Thomasson, Regionmuseet i Kristianstad.

14. **Petersson, M.** 1948. S:t Jörgen i Åhus. Meddelanden från Lunds Universitets Historiska museum., **Blomqvist, R.** 1949. Hospitalet i Lund. Kulturens årsbok.

15. Illustration gjord av Tina Lundgren, Regionmuseet i Kristianstad.

16. **Cinthio, M.** 2002. De första stadsborna.

17. Kulturhistoriskt lexikon för nordisk medeltid I–XXII, Köpenhamn, Helsingfors, Reykjavik, Oslo, Malmö 1956–78.

18. **Carelli, P.** 2000. "Profana gravar" i medeltidens Lund, hikuin 27.

19. **Arcini, C.** 1991. Osteologisk rapport. Kv Gyllenkrok 3, 4, 5. Lund Rapport över arkeologisk undersökning. Kulturen., **Arcini, C.** 1993. Osteologisk rapport. Kv Gyllenkrok nr 29–30 (3–7). Arkeologisk schaktövervakning 1992. Rapport över arkeologisk undersökning nr 5. Kulturen.

20. **Roslund, M.** 1990. Nittiotalets medeltidsarkeologi och det döda barnet. Fornvännen 85. , **Arcini, C.** Opublicerad rapport. Kulturen i Lund.

21. **Dahlbäck, G.** (Red.) 1982. Helgeandsholmen.

22. **Koch, H. D.** 2000. Rosenkranse i grave – gravskikkens baggrund, datering og perspektive. hikuin.

23. Foto taget av Mona Olsson. Regionmuseet i Kristianstad.

24. **Madsen, P. K.** 1990. Han ligger under en blå sten, hikuin 17.

25. **Arcini, C.** 1999. Health and disease in early Lund.

26. Statistiska Centralbyrån (SCB) Statistisk Tidskrift Kunglia Statistiska Centralbyrån, Stockholm 1917–64 Befolkningsrörelsen. Översikt från åren 1901–1964 samt från 1970–1997.

27. **Molleson, T., Cox, M., Waldron, A. H.** & **Whittaker, D. K.** 1993. The spitalfields project the middling sort.

28. **Højrup, O.** & **Jensen, S.** 1963. Levnedsløb i Sørbymagle og Kirkerup kirkebøger 1646–1731., Statistiska Centralbyrån (SCB) Statistisk Tidskrift Kungliga Statistiska Centralbyrån, Stockholm 1917–64 Befolkningsrörelsen. Översikt från åren 1901–1964. 1917.

29. **Højrup, O.** & **Jensen, S.** 1963. Levnedsløb i Sørbymagle og Kirkerup kirkebøger 1646–1731., Statistiska Centralbyrån (SCB) Statistisk Tidskrift Kungliga Statistiska Centralbyrån, Stockholm 1917–64 Befolkningsrörelsen. Översikt från åren 1901–1964. 1917. **Arcini, C.** 1999. Health and disease in early Lund.

30. **Sagnér, A.** 1980. Livets tjänare.

31. Nationalencyklopedin.

32. **Adriaanse, A. H., Pel, M.** & **Bleker, O. P.** 2000 Semmelweis: the combat against puerperal fever. European Journal of obstetrics and reproductive biology 90, 153–158.

33. **Högberg, U.** 1985. Maternal mortality in Sweden.

34. **Højrup,O.** & **Jensen, S.** 1963. Levnedsløb i Sørbymagle og Kirkerup kirkebøger 1646–1731.

35. **Iregren, E.** 1991. Kvinnor och barn under medeltid – ett antropologiskt perspektiv på några skelettmaterial. I. Lövkrona (Red.) Kvinnospår i medeltiden. Kvinnovetenskapliga studier 1:55–92.

36. Foto taget av Vilhelm Møller-Christensen.

37. **Persson, O.** & **Persson, E.** 1980. Medeltidsfolket från kvarteret Repslagaren. I. S:t Stefan i Lund, Gamla Lund föreningen för bevarande av stadens minnen Årsskrift 62., **Bennike, P.** & **Brade, A. E.** 1999. Middelalderens sygdomme og behandlingsformer i Danmark. **Sjøvold, T., Swedborg, I.** & **Diener, L.** 1974. A pregnant woman from the middle ages with Exostosis Multiplex. Ossa nr 1., **Dahlbäck, G.** (Red.) 1982. Helgeandsholmen samt **Møller-Christensen, V.** 1982. Æbelholt kloster.

38. **Højrup, O.** & **Jensen, S.** 1963. Levnedsløb i Sørbymagle og Kirkerup kirkebøger 1646–1731.

39. **Nelson, W. E.** 1987. Nelson textbook of pediatrics.

40. **Persson, E. B.** 1996. Barnkvävning och plötslig spädbarnsdöd (SIDS). Scandia, vol. 62 1996, bd 2, s. 195–219.

41. **Irgens, L. M.** 1995. Risk factors for SIDS: Do they exist?, Sudden Infant Death Syndrome. New Trends in the Nineties, Ed.: Rognum, T. O. Oslo, 1995, s. 99–105.

42. **Arcini, C.** 1994. Ett fall av tuberkulos i det tidigmedeltida Helsingborg. Kring Kärnan 23, Helsingborgs museums årsbok.

43. **Moberg, V.** 1927. Raskens.

44. **Phillips, K.** & **Matheny, A. P.** 1990. Quantiative genetic analysis of longitudinal trends in height; preliminary results from the Louisville Twin Study. Acta Genet Med Gemellol 39:143–163., **Carmichael, C. M.** & **McGue, M.** 1995. A cross-sectional examination of height, weight, and body mass index in adult twins. J. Gerontol. A. Biol. Sci. Med. Sci. 50:B2.

45. **Preece, M. A.** 1996. The genetic contribution to stature. Horm. Res 45:56–58., **Silventoinen, K., Kaprio, J., Lahelma, E.** & **Koskenvuo, M.** 2000. Realative effect of genetic and enviromental factors on body height: differences across birth cohorts among Finnish men and women. Am. L. Public Health 90:627–30.

46. Uppgifter sammanställda från **Bennike, P.** 1985. Paleopathological Studies of Danish Skeletons., **Arcini, C.** 1999. Health and disease in early Lund., **Arcini, C.** 1996. Osteologisk rapport avseende skeletten från gravarna i Fjälkinge. In **Helgesson, B.** Rapport, arkeologisk undersökning 1990, Fjälkinge 35:60 m fl. Fjälkinge socken Fornlämning 18 och 19. Länsmuseets rapportserie nr 5., **Arcini, C.** 1996. Ståtliga var järnåldersmännen från Albäcksbacken. Carpe Scaniam. Axplock ur Skånes förflutna. Riksantikvarieämbetet Arkeologiska Undersökningar Skrifter nr 22. **Gejvall. N.** 1963. Skelettmaterialet i Dragby hällkista, Tor, 85–122. **Sjøvold, T.** 1974. Some aspects of physical anthropology on Gotland during Middle Neolitic times. In: Janzon, G.O. (ed), Gotlands mellanneolitiska gravar. **Hultkratz, J.V.** 1927. Über die Zunahme der Körpergrösse in Schweden in den Jahren 1840–1926. Nov. Act. Soc. Scient. Ups. Vol. extra ordinem editum (IV).

47. **Usher, R.** 1996. Time.

48. **Tegnér, A.** 1934. Sjung med oss mamma.

49. **Hernández-Pacheco, E.** 1924. Las Pinturas prehistoricas de las cuevas de la araña/ Valencia) Mem. Com. Invest. Paleont., No 34. Copy by E. Hernández-Pacheco.

50. **Davies, N.** 1944. The tomb of Rekhmire at Thebesa. A reproduction.

51. **Bennike, P.** 1994. An anthropological study of the skeletal remains of vikings from Langeland. I. Vikingatidsgravpladser på Langeland. Grøn, O., Hedeager Krag, A. og Bennike, P.

52. **Bennike, P.** 1985. Paleopathological Studies of Danish Skeletons., **Bennike, P** & **Brade, A-E.** 1999. Middelalderens sygdomme og behandlingsformer i Danmark.

53. **Clement, A. J.** 1958. The antiqiuty of caries. Br. Dent. J. 104:115–123.

54. Dagens Medicin 2001-09-18

55. **Dahlbäck, G.** 1987. I medeltidens Stockholm., **Kjersgaard, E.** 1978. Mad og øl i Danmarks middelalder.

56. http://www.bonejointdecade.org/organisation/organisation_structure.html
    Initiativet till "The bone and Joint Decade" togs på ett möte i Lund 1998 och organisatio-
    nen har sitt högkvarter i Lund under ledning av Prof. Lars Lidgren.

57. Kellgren, J. H. & Lawrence, J. S. 1957. Radiological assessment of osteoarthrosis. Ann.
    Rheum. Dis. 16:494–501., 1963. Atlas of standard radiographs: The epidemiology of
    Chronis Reheumatism, Vol 2., Lawrence, J. S. 1977. Rheumatism in populations.
    Consultant to the Arthritis and Reheumatism.

58. Loeser, R. F. 2000. Aging and the etiopathogeneses and treatment of osteoarthritis.
    Geriatic reumatology, vol 26. Nr 3.

59. Peterson, I. & Saxne, T. Forskningens Dag 1997, Medicinska fakulteten Lunds
    universitet.

60. Lawrence, J. S. 1977. Rheumatism in populations. Consultant to the Arthritis and
    Reheumatism.

61. Major, R. H. 1955. Classic descriptions of disease. Talbott, J. H. & Ts'ai-Fan Yü, 1976.
    Gout and uric acid metabolism.

62. Talbott, J. H. & Ts'ai-Fan Yü, 1976. Gout and uric acid metabolism.

63. Resnick, D. & Niwayama, G. 1989. Bone and Joint Imaging.

64. Lindgren, J. & Gentz, L. 1918. Läkemedelsnamn, ordförklaring och historik.

65. "The Gout" Bild skapad av James Gillary publicerad 1799 av Hanna Humphrey.

66. Maat, G. J. R., Mastwijk, R. W. & Van der Velde, E. A. 1995. Vol. 5. nr 3:289–298.
    Skeletal distribution of Degenerative changes in vertebral osteophytosis, vertebra
    osteoarthritis and DISH. International Journal of osteoarchaeology.

67. Dödsorsaker – Socialstyrelsen och Onkologiskt centrum cancerregistret 2002.

68. Bennike, P. & Brade, A-E. 1999. Middelalderens sygdomme og behandlingsformer i
    Danmark.

69. Ståhl, S. 2003. Socker suger. Lum. nr 3 mars.

70. http://www.gaia.st/wbocker/sock42.htm

71. Murray, C. & Lopez, A. 1996. The global burden of disease.

72. Folkhälsorapport 2001, Socialstyrelsen.

73. Lindeberg, S. 2002. Vi är byggda för kött, fisk, nötter, rotfrukter, frukt och andra
    mättande vegetabilier. http://www.staffanlindeberg.com/Kostviarbyggdafor0304.htm

74. Arcini, C. 1994. Varför så mycket tandsten och bara i ena käkhalvan. Populär arkeologi,
    årgång 12, nr 2.

75. Vyhnánek, L., & Strouhal, E. 1975. Arteriosclerosis in Egyptian Mummies. [For annota-
    tion, see Paleopathology Newsletter, 1977, 19:16]. L'Anthropologie (Paris) 13(3):219–221.
    Emma, R. M. 1977. Arterio-Sclerotic Change in the Carotid Artery of a Mummy of New
    Kingdom Date. Paleopathology Newsletter 17:12–14. Nerlich, A. G., Parsche, F., Wiest, I.
    & Tübel, J. 1996. Coronary Arteriosclerosis in an Egyptian Male Mummy. [Poster]. In:
    Eve Cockburn, ed. Papers on Paleopathology Presented at the Eleventh European
    Members Meeting of the Paleopathology Association, Maastricht, The Netherlands, 14–
    18 August 1996, p. 14.

76. **Sigvallius, B.** 1988. Kvinnoliv under järnåldern. Ledbesvär, tandvärk och parasiter.

77. Mats Regnell, arkeobotaniker ANL i Göteborgs Universitet och Lars Göran Strömblad, neurokirurgen i Lund.

78. Analys utförd av Statens veterinärmedicinska laboratorium i Uppsala.

79. Analys utförd av neuropatologen Elisabet Englund och hennes personal, Universitessjukhuset i Lund.

80. **Hansson, G. K.** Åderförkalkning – en av våra största folksjukdomar., **Nystrand, A.** Vad orsakar åderförkalkning i blodkärlen?, **Nystrand, A.** Arv, kost och hormoner avgör blodets halt av kolesterol., **Spross, Å.** Sambandet åderförkalkning – blodpropp. Samtliga artiklar från Åderförkalkning kvartalsskrift årgång 91, häfte 3 1996.

81. Personligt meddelande av neurokirurgen Lars Göran Strömblad, Lunds Universitet.

82. Skelettmetastaser, diagnostik, behandling och uppföljning i Stocholm-Gotlandregionen, vårdprogram. (Onkologiskt Centrum. Stockholm-Gotland 1995).

83. http://www.svekom.se/vard/aldreberedningen/verksamhet/riskfaktor.htm

84. http://www.kemi.se/klass_mark/ut_klass/97_5_cancer.htm Cancerframkallande ämnen 1997:5.

85. **Pontén, J.** 2003. Tuberkulos http://www.genpat.uu.se/popvet/jptbc.html

86. **Dobson, A.** 1992. People and Disease. In: The Cambridge Encyclopedia of Human Evolution, (Jones, S. et al. Eds.) 1

87. **Thordeman, B.** 1939. Armour from the battle of Wisby 1361.

88. **Syse, B.** (Red.) 2003. Långfredagsslaget – en arkeologisk historia.

89. **Jacobsson, B.** 2002. Pestbacken. UV Syd rapport 2002:15.

90. **Ekdahl, K.** 2000. Multiresistent tuberkulos – hotet från öst. Medikament. Nr 4.

91. Dagens medicin 2003-10-02.

92. **Ridell, M.** & **Larsson, L. O.** 1996. Corpus medicum nr:1 årg 2.

93. **Ridell, M.** & **Larsson, L. O.** 1996. Corpus medicum nr:1 årg 2., **Ekdahl, K.** 2000. Multiresistent tuberkulos – hotet från öst. Medikament. Nr 4.

94. **Puranen, B-I.** 1984. Tuberkulos. En sjukdoms förekomst och dess orsaker. Sverige 1750–1980.

95. **Tallerud, B.** 1991. Farsoter genom tiderna.

96. Tuberkelbacillen upptäcks 1882 av Robert Koch, Conrad Röntgens upptäckt av röntgen-strålarna 1895 möjliggör studiet av tuberkulosförändringar på lungorna. Det franska forskarlaget Calmette-Guérin uppfinner BCG-vaccinet 1924 vilket införs i Sverige 1927. 1939 införs i Sverige den av fransmannen Louis Pasteurs införda metoden att genom upphettning fria komjölken från bakterier – pasteurisering.

97. På 1940-talet togs det första effektiva botemedlet (PAS) fram av dansk-svensken Jörgen Lehman.

98. **Arcini, C.** & **Artelius, T.** 1993. Äldsta fallet av spetälska i Norden. Lepra fanns redan i yngre romersk järnålder. Arkeologi i Sverige. Ny följd 2.

99. **Mogren, M.** 1984. Spetälska och spetälskehospital i Norden under medeltiden. CD-uppsats, Lunds universitet.

100. **Höjer, S.** & **Höjer, A.** 1966. Spetälska.

101. WHO 1998.

102. **Harrison, L. W.** 1959. The origin of syphilis. Bristish Journal of Veneral Disease 355:1–7.

103. **Cockburn, T. A.** 1963. The origin of treponematoses. Bulletin of the World Health organization 24:221–28.

104. **Hudson, E. H.** 1958a. Non-veneral syphilis: A social and medical study of bejel. **Hudson, E. H.** 1958b. The treponematoses – or treponematosis? British Journal of Veneral Diseases 34:22–24.

105. **Mays, S., Crane-Kramer, G.** & **Bayliss, A.** 2003. Two probable cases of treponemal Disease of Medieval date from England. Am. J. Phys. Anthropol. 120:133–143.

106. **Persson, O.** & **Persson, E.** 1980. Medeltidsfolket från kvarteret repslagaren. I. S:t Stefan i Lund, Gamla Lund förening för bevarande av stadens minnen Årsskrift 62.

107. Statens smittskyddsinstitut.

108. Nordisk familjebok.

109. Dagens medicin 2003-10-02.

110. **Bergstrand, H.** 1956. Lärobok i patologi.

111. **Bryceson, A.** & **Pfaltzgraff, R. E.** 1979. Leprosy., **Jopling, W. H.** 1984. Handbook of Leprosy. **Godal, T.** & **Myrvang, B.** 1986. Lepra ett världsproblem.

112. **Miörner, H.** 1986, Lepra – nya behandlingsregimer prövas i Indien. Läkartidningen Vol. 83 Nr 28–29.

113. **Bryceson, A.** & **Pfaltzgraff, R. E.** 1979. Leprosy.

114. **Lee, F.** & **Magilton, J.** 1989. The cemetery of the hospital of S:t James and S:t Mary Magdalene, Chichester – a case study. World archaeology Vol. 21, No. 2.

115. **Manchester, K.** 1983. The Archaeology of Disease.

116. **Henschen, F.** 1962. Sjukdomarnas historia och geografi.

117. **Hallbäck, D-A.** 1978. A Medieval (?) bone with a copper plate support, indicating an open surgical treatment. Ossa, Vol. 3–4 1976–1977.

118. Foto taget av Dan-Axel Hallbäck taget vid kliniken för medicin och geriatrik.

119. **Olofson, C.** 1958. Ur Åhus historia.

120. **Bennike, P.** & **Bohr, H.** 1990. Bone Mineral Content in the Past and Present. In: Christiansen, C. & Overgaard, K. (eds.) Osteoporosis; 89–91.